EDAF
MADRID - MÉXICO - BUENOS AIRES

LINDA GEORGIAN

TUS ÁNGELES GUARDIANES

Utiliza su poder para enriquecer y fortalecer tu vida

LA TABLA DE ESMERALDA

Título del original inglés:
YOUR GUARDIAN ANGELS

Dirección en Internet: http://www.arrakis.es/~edaf
Correo electrónico: edaf@edaf.net

Edaf y Morales, S. A.
Oriente, 180, nº 279. Colonia Moctezuma, 2da. Sec.
C. P. 15530. México, D. F.
Dirección en Internet: http://www.edaf-y-morales.com.mx
Correo electrónico: edaf@edaf-y-morales.com.mx

Edaf y Albatros, S. A.
San Martín, 969, 3.º, Oficina 5.
1004 - Buenos Aires, Argentina
Correo electrónico: edafal3@interar.com.ar

11.ª edición, octubre 2000

Depósito legal: M. 38.102-2000
ISBN: 84-7640-888-9

PRINTED IN SPAIN IMPRESO EN ESPAÑA

IMPRIME: IBÉRICA GRAFIC, S. L. FUENLABRADA (MADRID)

Índice

Agradecimientos

ESTE LIBRO HA SIDO UN TRÁNSITO Y NO LO HE realizado sola. Quiero manifestar mi gratitud a la que fue mi ayudante personal, Darline Beck, por sus trece años de lealtad imperecedera; a Sy y Kathy Bonem, por contribuir a que estuviese en el lugar oportuno en el momento preciso; a otra ex ayudante personal, Casey Brennan, por presentarse en mi vida exactamente cuando la necesitaba; a mis queridos amigos Marge e Irv Cowan, cuya aportación tanto contribuyó al trabajo de mi vida; y a mi amiga Nina L. Diamond, escritora y editora, que guió este libro desde el principio al fin.

Gracias a Erica y a Alan, por el empleo de su copiosa biblioteca personal sobre el judaísmo y la espiritualidad; a Lynn Franklin, mi incansable agente y leal amiga; a Cassie Jacoby, un verdadero ángel y una amiga perenne; a Randal Jurkas, mi antiguo administrador y promotor, por todos sus años de duro trabajo y su fe en mi misión espiritual; a Bill Lirio, amante de la verdad y más que amigo, pariente; a mi editor Sydny Miner, por hacer tan encantadora esta experiencia; a mi querida amiga Sheila MacRae, que tanto me auxilió a lo largo de muchos años; a John Nero, que me orientó física, espiritual e incluso nutrimentalmente con su amistad fervorosa; a mi hermana Sandra Post y a mi sobrina Patti Post, que siempre estuvieron a mi lado cuando las necesitaba; a Debbie Rowley, una de mis maestras espirituales, por compartir la experiencia de la meditación y de la armonización en los ángeles; y a mi sobrino Daniel Silagy y a su familia, por su cariño y aliento.

Tantos han sido los que me otorgaron su amor, su tiempo, su apoyo y sus conocimientos. Gracias a mi padrastro, Howard Simmons, por su amistad y cariño; a Daniel Langdon Svoboda, mi compañero atento y cordial; a la autora Terry Lynn Taylor, por sus palabras didácticas e inspiradas; a mi ayudante Wendy Thomas, por sus oraciones y el aliento de su amistad; al perspicaz Mike Warren de Inphomation Inc., que en los últimos años me brindó tremendas oportunidades; a mi espíritu fraterno y compañera profesional, Dionne Warwic, que comparte mi búsqueda espiritual; al reverendo Jewel Williams, ya fallecido, por abrirme todo un nuevo mundo espiritual; y a Mindi Rudan, Pam Johnson, Juanita Mazzarella, Laura Caster, Rob Killheffer y Howard Libin, cuyas maravillosas conversaciones constituyeron un precioso instrumento a la hora de escribir este libro.

Mi gratitud especial para mi querida madre, Marie Georgian Simmons, que me inspiró y me ayudó, me transmitió sus dotes espirituales, intuitivas y curativas y ahora me contempla desde el espíritu; a mi querido padre, Anthony Georgian, que es ya espíritu con mi madre y me orienta; a los otros seres queridos fallecidos que ahora me ven desde el mundo espiritual; a mi perro, Smarty, que siempre sabe cuándo necesito un halago y está allí para brindármelo; y a Dios, Jesús y los ángeles por su eterna guía.

A todos aquellos que se sienten solos, que creen no tener misión alguna; a los que buscan la verdad y a los que buscan cualquier cosa; a los colmados de riquezas materiales pero carentes de las riquezas espirituales; a los que sufren el dolor, las penalidades y la tragedia. Que los ángeles consuelen a todos y os aporten firmeza para que también vosotros podáis volar con los ángeles.

Primera Parte

UN VIAJE CON LOS ÁNGELES

*

La razón de que las aves vuelen mientras que nosotros no podemos volar es simplemente que poseen una fe perfecta, porque tener fe es tener alas.

J. M. BARRIE, *The Little White Bird*

*

UNA AMIGA MÍA ME CONTÓ DOS CHISTES QUE acababa de oír y que reflejan perfectamente nuestra perplejidad ante la asistencia divina: ¿Cómo sabemos cuando están orquestados por Dios los acontecimientos? ¿Cómo conocemos si los ángeles, mensajeros de Dios, nos ayudan? Esos chistes, declaró, nos hacen pensar: ¿Cuánto es lo que hemos de hacer? ¿Podemos sentarnos a esperar un milagro? ¿Cuál es exactamente *nuestro papel*?

*

La lluvia no había cesado en todo el día cuando un hombre detuvo su coche ante la casa rural del señor Jones para interesarse por ese granjero de ochenta años.

—¡Señor Jones! —gritó desde su *jeep* al anciano, que estaba sentado en el porche—. Es mucho ya lo que ha llovido y dicen que el río viene crecido. Mejor será que se vaya. Lo llevaré ¡Vamos, suba!

—No, gracias —replicó el señor Jones—. No me pasará nada. Dios cuidará de mí.

—¿Está usted seguro, señor Jones? —preguntó el hombre.

—Claro insistió el señor Jones—. Siga adelante, hijo. Dios cuidará de mí.

Continuó lloviendo a cántaros. Y, por la tarde, las aguas cortaron la carretera que llevaba a la casa del señor

Jones. Alcanzaron tal altura que el señor Jones no pudo continuar en el porche. Por una escalera de mano subió a la cubierta del porche y allí se sentó.

Apareció entonces un vecino, remando en una canoa.

—Señor Jones, las aguas están subiendo mucho. ¿Por qué no viene conmigo? —sugirió el vecino.

—No, gracias —replicó el señor Jones—. No me pasará nada. Dios cuidará de mí.

—¿Está usted seguro, señor Jones? —preguntó el vecino.

—Claro —insistió el señor Jones—. Sigue remando, hijo. Dios cuidará de mí.

La lluvia prosiguió durante toda la noche. Las aguas subieron tanto en torno de la casa que el señor Jones tuvo que encaramarse al tejado.

Hacia medianoche, un helicóptero del sheriff revoloteó sobre la casa del señor Jones. A través de un altavoz, le llegó la voz del ayudante del sheriff.

—Señor Jones, hemos venido por usted. Bajaré esta cesta. Métase dentro. No se preocupe, que es segura —gritó el policía.

—No, gracias —respondió el señor Jones también a gritos—. Sigue volando, hijo mío, Dios cuidará de mí.

—¿Está usted seguro, señor Jones? —inquirió el ayudante del sheriff.

—Claro —insistió el el señor Jones—. Ahora, vete. Dios cuidará de mí.

El helicóptero desapareció en la oscuridad.

A las dos de la mañana, el señor Jones se puso frenético. El agua había subido tanto que apenas quedaba un rincón seco en el tejado. De pie en lo más alto, miró al cielo, alzó los brazos y voceó:

—¿Cómo puedes hacerme esto, Dios? ¡Pensé que me *salvarías*!

Se abrieron los cielos y descendió una luz sobre el señor Jones, que escuchó la voz clara y resonante de Dios:

—¿QUIÉN CREES QUE TE ENVIÓ EL *JEEP*, LA CANOA Y EL HELICÓPTERO?

*

¿Verdad que esto te hace pensar? ¿Cómo reconocer la asistencia divina? ¿Creemos quizá que sólo sobreviene por rara coincidencia o en milagros grandiosos? Y por culpa de tales engaños pasamos por alto las cosas perfectamente normales, pequeñas incluso, que Dios nos envía o hace por nosotros.

El segundo chiste suscita más cuestiones.

*

Un hombre penetra en la sinagoga la mañana de un sábado para rezar, como ha hecho toda su vida. Pero este sábado es diferente. Tiene que pedir algo especial. Así que, tras el servicio religioso, cuando todos los demás abandonan el templo, se queda allí sentado en el santuario y habla con Dios.

—Dios —dice—, necesito un favor. No por mí sino por mi familia. Necesito que me toque la lotería. Sé que es mucho pedir pero, como te digo, no es por mí. Mi madre tiene que operarse, mi hijo necesita un tratamiento de ortodoncia, mi hija está en la universidad. Sencillamente, no tengo bastante para atender a todos. Gano dinero, pero no es suficiente. Requieren mi ayuda y no sé cómo conseguirla. ¿Puedes, pues, Dios, auxiliarme y hacer que me toque la lotería?

El hombre retorna a su casa y, tras el sorteo de aquella semana, se siente frustrado porque no le ha tocado. Al sábado siguiente vuelve a rezar a la sinagoga.

—Dios —dice—, tal vez no me comprendiste cuando estuve aquí la semana pasada. Necesitaba que me tocase la lotería. No soy un egoísta. Eso no era para mí sino para mi familia. ¡Mi madre necesita una operación, mi hijo requiere un tratamiento de ortodoncia, mi hija está en la universidad, y ahora he descubierto que tengo que renovar la fontanería de la casa! No cuento con dinero bastante para atender a todo eso ¡*Por favor*, Dios, necesito que me toque la lotería!

El hombre regresa de nuevo a su casa, seguro esta vez de que ahora le tocará, pero se equivoca. Al sábado siguiente sus ojos se llenan de lágrimas cuando reza a Dios en la sinagoga.

—Dios —solloza—. ¿No puedes oír mi oración? Necesito que me toque la lotería. *Juro* que no es por mí. Es por mi familia. Soy bueno, trabajo de firme y les hace falta *tanto* que no puedo darles. Hay que operar a mi madre, mi hijo requiere un tratamiento de ortodoncia, mi hija está en la universidad, necesitamos una fontanería nueva y esta semana he sabido que mi mujer padece tiroiditis. ¡Dios, *ayúdame* a que me toque la lotería!

Entonces, los cielos se abren y una luz desciende sobre el santuario de la sinagoga, mientras el hombre escucha la voz inconfundible de Dios:

—¡PON ALGO DE TU PARTE... COMPRA UN DÉCIMO!

*

Estamos ligados a Dios, la fuerza divina, el Poder Supremo, llámalo como te parezca.

Así que, señor Jones, tiene usted que aprender a *reconocer* la ayuda cuando se le envía. Y, el padre de familia, ha de poner algo de *su* parte. Metafóricamente hablando, todos tenemos que *comprar un décimo.*

*

Siempre creí en los ángeles, incluso antes de saber lo que hacían.

En la iglesia oímos que vagan alrededor. Y mi madre decía que los ángeles están siempre aquí y que yo tenía uno mío, quizá más. Lo creí.

Un día, montada en mi triciclo, se me ocurrió que sería maravilloso subir por la escalera. Tenía sólo cuatro años, así que ignoraba que triciclos y escaleras no casan.

Tan pronto como concebí aquel brillante plan, percibí en mi mente la idea opuesta. La vocecita dijo: "No lo hagas." Pero a mis cuatro años ignoraba que hay que escuchar a esa vocecita, porque con frecuencia sabe más que tú. Así que, audaz y dispuesta, ascendí por la escalera en mi triciclo. Bien, lo intenté. Evidentemente, no fui muy lejos y me caí. En el golpe perdí un diente, pero sólo era de leche. Nada grave, en realidad. Pudo haber sido mucho peor.

Ése es mi primer recuerdo de la vocecita, la sensación íntima... mi ángel de la guarda. No había escuchado su consejo y, con el diente en la mano, deseé *haberlo* seguido.

Los ángeles de la guarda y los ángeles en general constituyen una gran parte de la formación católica. Aprendí muy pronto que hacen algo más que vagar alrededor. Mi madre me enseñó que nuestros instintos, la vocecita que cada uno siente dentro, nuestra intuición, es la voz de los ángeles, que nos transmite la asistencia divina. Afirmaba que siempre puedes oírla si prestas atención. Y que además eres capaz de responder y de *comunicarte* realmente con los ángeles. Tuve la suerte de que me lo revelase; la mayoría de las personas no aprenden tal cosa a edad tan temprana. Y algunas no llegan *nunca* a saberlo.

Mi madre era una mujer extraordinaria. En cierto sentido, parecía muy convencional, con su rosario y sus velas, pero tenía también un lado nada convencional. Durante toda su vida fue capaz de sanar a la gente con sus manos. Aseguraba que los ángeles actuaban a través de ella. Nunca le dio demasiada importancia, pero cuando la familia se reunía, si alguien sentía una molestia o un dolor, sabía a quién recurrir.

También se hallaba dotada de grandes poderes intuitivos y de dotes psíquicas. Decía que eran un don de Dios, mensajes que le llegaban por los ángeles. Afirmaba que su padre (fallecido antes de que yo naciese) poseía también esas dotes. Los dos eran los únicos miembros de la familia con tales virtudes.

Y después yo.

Cuando me hice un poco mayor, pronto se tornó evidente que había heredado las dotes de mi madre y de mi abuelo. Crecí con esas capacidades y las consideraba perfectamente naturales.

Mi padre creía en Dios, pero jamás hablaba de religión o de espiritualidad. Reservaba para sí sus pensamientos, aunque siempre se aseguraba de que yo acudiera a la iglesia el domingo.

Mi hermana mayor, Sandra, constituía una mezcla de mi padre y de mi madre. Poseía un sentido espiritual, mas sus experiencias eran muy leves.

A los cinco años ya mantenía yo una relación personal con mis ángeles de la guarda. Sabía cómo escuchar y confiar en esa voz interior, pero además conocía el modo de pedir ayuda. ¡Eso no significaba que siempre la obedeciera! En ocasiones, hasta los chicos que más saben pueden ser muy testarudos.

Como el día en que caí al arroyo.

El patio trasero de mi casa era un campo de golf de 148 hectáreas. Mi padre estaba al frente de los campos de golf de la ciudad de Cleveland y vivíamos en un edificio de dos plantas en donde se hallaban también la sede del club y la de los jugadores profesionales. Muchas familias de entonces residían encima de sus establecimientos, pero el de mi padre no era una zapatería o una tienda de comestibles, sino un campo de golf.

¡A cualquier niño se le antojaría un lugar espléndido! Disponía para jugar de un césped que parecía interminable, con árboles, y tenía un arroyo para mí sola. Daba por allí largos paseos, rezaba y luego iba a buscar ranitas y peces.

Un día, cuando tenía diez años, fui a lo largo de aquel arroyo. Las peñas de la orilla estaban resbaladizas, y la vocecita íntima me advirtió: "¡Cuidado!" Pero la ignoré y seguí adelante, de puntillas sobre las rocas, hasta que de repente caí al arroyo.

La asistencia divina es muy eficaz, pero, si la ignoras, no sirve de mucho.

Salí del arroyo bastante mojada, pero ilesa.

La mía era una típica familia de la clase media. Todos mis abuelos procedían de Palermo, en Sicilia; así que vivir con mi familia era un poco lo que ves en las películas, la animación, las emociones y la vehemencia habituales en los italianos.

Mi madre, Marie, y mi padre, Anthony, nos estimulaban escolar, deportiva y socialmente. El ambiente cordial de la casa, que mi madre había adornado con una imagen aquí, una cruz allá y muchos grabados religiosos, nos proporcionaba la seguridad que necesitábamos en nuestro mundo.

Me gustaban la escuela y los deportes, y me encantaba destacar en todo: historia, lengua, francés, fútbol, hockey sobre hierba, carreras, golf y hacer floreos con el bastón de animadora. Parecía poseer una autodisciplina innata y verdaderamente me *encantaba* estudiar; así que nadie tenía que recordarme que hiciera las tareas escolares o que preparase un examen. Revelaba un toque de perfeccionismo, y lo que más me atraía era ser la primera de la clase.

Si tenía un examen, sentía que los ángeles me ayudaban. Cuidaban de mí cuando hacía deporte. Crecí con la sensación de hallarme protegida. Claro está que las cosas sólo iban bien cuando obedecía a mi vocecita interior. Pero cuando la desoía, como me pasó con el triciclo y en el arroyo, acababa en apuros.

En los momentos de necesidad, o si sentía inquietud o temor, pensaba en mis ángeles de la guarda. Entonces me serenaba. El mensaje era: "Nos ocupamos de todo, no te preocupes."

Y a los doce años comenzaron a sucederme cosas sorprendentes.

Los ángeles empezaron a hacer horas extraordinarias.

Estudiaba secundaria inferior y un día, sentada en clase, advertí lo que me parecieron colores en torno de la cabeza y los hombros de mi profesor. Entonces surgieron en mi mente un avión y la palabra "Filadelfia".

Al terminar la clase, hablé con él y me dijo que iba a tomar un avión para Filadelfia.

¿Qué estaba pasando?

Más tarde supe que había contemplado su aura o campo de energía que envuelve a todos los seres vivos. Comenzaba a captar, intuitivamente, pensamientos ajenos. Supe que se llamaba telepatía, la forma más corriente de capacidad psíquica. La sensación de "saber" algo. Con el paso del tiempo se desarrolló mi sentido intuitivo y apareció con mayor frecuencia. Llevé la cuenta de los casos y descubrí que acertaba un ochenta por ciento de las veces.

De adolescente jamás dije nada de aquello a mis amigas. Pero se lo confesé a mi madre.

—No te preocupes —respondió—. Yo recibí ese don, y lo mismo sucedió a mi padre.

Así que se me había transmitido de mi abuelo, pasando por mi madre. No me asustaba ni pensé que fuese extraño o en modo alguno sobrenatural. Se trataba tan sólo de un don de Dios.

Mientras tanto estudiaba de firme, hacía deporte y me divertía ser *majorette* de la escuela secundaria. Durante el último año en la escuela de Warrensville Heights encabecé el desfile de Miss Adolescente de Cleveland y realicé floreos impecables con mi bastón. Parecía la perfecta chica norteamericana, una muñeca Barbie de pelo cardado, ojos radiantes y una gran sonrisa.

Me sentía en la cima del mundo. Tenía una sólida fe católica, una mente abierta a la espiritualidad y a los fenómenos psíquicos gracias a la herencia de mi madre, a mis propias experiencias y a mis constantes indagaciones. ¡E iba derecha a la universidad!

Terminé la enseñanza secundaria en 1963, pasé un año en la Universidad de Miami, en Florida, y luego ingresé en la de Ohio. Finalmente, empecé a hablar a mis amistades acerca de mis creencias y experiencias. Mis compañeras de dormitorio recurrían continuamente a mí. Querían saber qué notas sacarían o si los chicos que les gustaban les pedirían salir con ellas. Yo era su mentora. Mi intuición, mi asistencia angélica, siguió creciendo y se tornó cada vez más precisa. Me sentía cerca de Dios y feliz por servir de ayudar a los demás.

En 1968 me licencié en Educación por la Universidad de Ohio y fui a vivir con mi familia a Fort Lauderdale, Florida. Aquel año mi padre, que sólo tenía cincuenta y ocho, murió de leucemia. El lazo que compartíamos mi madre y yo se hizo aún más fuerte.

En ocasiones, todavía muy joven y después en mis años de persona adulta, he visto formas angélicas. Eran como una neblina lechosa que flotaba a mi altura, no por encima de mí. Si una forma angélica me rozaba, experimentaba una sensación cálida, un hormigueo, y en definitiva me advertía muy relajada.

Los ángeles que me guiaban nunca me dieron la impresión de tener nombres. Pero sentí que tenía dos ángeles de la guarda que estaban conmigo constantemente, uno masculino y otro femenino.

Mi vida profesional estaba ya trazada: sería profesora de educación física. Conseguí un título de maestría en incapacidades del aprendizaje por el Instituto Tecnológico de Florida. Elegí como tesis "El enfoque nutricional de las incapacidades del aprendizaje". Mi interés por la salud arrancaba de la niñez, cuando buscaba un remedio a mis migrañas. Fue esta indagación la que me abrió puertas espirituales. Mis migrañas representaron una bendición encubierta.

A poco de cumplir veinte años, comprendí que mi concepto de Dios había evolucionado a partir de un entendimiento limitado de quién era "Él". Llegaría a comprender que "Él" es un vibrante mar de energía intelectual, un poder cósmico y una inteligencia y un amor infinitos. Aprendí que esa Inteligencia Superior es conocida con nombres muy diferentes por muy distintos pueblos. "Él" es neutro: ni hombre ni mujer, personal ni impersonal.

Por costumbre, a menudo me refiero a Dios como "Él" a causa de mi formación católica. Pero nunca pensé que Dios fuese una forma masculina. Vi entonces, y veo ahora, que Dios es una energía, no confesional, no limitada a ninguna religión, dogma, ideología, credo o idea preconcebida. A través de mis estudios y de mis viajes he comprendido que todos somos creados a Su imagen y por eso debemos pugnar por no limitarnos.

Di mi primer paso cuando decidí ir a Japón. Exploraba entonces el concepto de la reencarnación (¡ni siquiera ahora estoy enteramente segura de cuál es mi postura al respecto!) y creía que podía haber vivido al menos una vida anterior en Japón; así que pasar un tiempo allí me pareció una buena manera de estudiar más a fondo la cuestión.

Estaría en un país extranjero sin conocer la lengua ni a las gentes. Tendría que depender, desde luego, de la guía de Dios y de sus ángeles. "Sin un itinerario", me dije, "a buen seguro que esto pondrá a prueba mi fe y mi comunicación con Dios".

¡Pues claro que así fue! Sentí el regocijo que llega siempre que sigues tu guía interior. Y comenzó desde el primer momento en que concebí el viaje y prosiguió durante toda mi estancia entre los japoneses.

Con gran sorpresa de mi familia y de mis amigos, vendí de repente el coche, abandoné mi puesto docente y compré un pasaje sólo de ida a Tokio. Tenía veinticinco años y estaba dispuesta a ver el mundo.

Pocos días antes de partir, mi intuición me dijo que establecería un contacto importante para el viaje nada menos que en el restaurante japonés Benihana de Fort Lauderdale. Sin poner en duda la extraña advertencia, me dirigí hacia allá inmediatamente.

Los ángeles me condujeron al lugar oportuno en el momento preciso. En el restaurante conocí a dos empresarios japoneses que se brindaron a llamar a una familia de Osaka que, estaban seguros, me invitaría a instalarme en su casa. No había dejado aún los Estados Unidos y mi fe en la guía divina se revelaba acertada.

Pasé mi primer mes en el Japón con aquella familia de Osaka. Me comporté como una turista más: visité la Feria Mundial de Tokio, fui a la ópera, a los mercados y asistí a acontecimientos culturales. Pero también meditaba, rezaba y estudiaba la filosofía oriental.

Cuando consideré que ya era hora de dejar Osaka, tomé el *tren bala* a Tokio.

Sin conocer a nadie en aquella ciudad, medité en la estación ferroviaria y tuve la visión de que se me presentaría alguien que hablaba inglés y me llevaría al lugar en donde había de residir. De repente, recibí la impresión que aquél no era el lugar en que tenía que hallarme. Recordé que durante el mes que pasé en Hawai, camino de Japón, había llamado a la base Hickam de las fuerzas aéreas para preguntar cuál era la más grande en el Japón. Supe que se trataba de Tachikawa, y que la segunda por su importancia estaba en Yokohama.

Decidí en la estación que mi destino no sería Tokio sino una de aquellas bases. Sentí que tenía que ir a Tachikawa, y subí al tren que me llevaría hasta allí. Sabía que era guiada hasta el lugar que me correspondía.

Llegué exhausta y un tanto desanimada a las diez de la noche. ¡Sola en la estación, sin conocer a nadie, junto a mis maletas pesadas y absurdamente grandes, seguía, sin embargo, segura de lo que hacía! Sabía que fueran cuales fuesen mis necesidades, quedarían satisfechas. Sabía que aquello era parte de una prueba de mi fe y no dejaba de repetirme: "Sé que la Infinita Inteligencia me guía al sitio adecuado." Había aprendido que los pensamientos son *cosas* con las que podemos crear nuestro propio destino.

Abandoné la estación. Caminé por calles angostas hasta oír la música que procedía de un bar en el segundo piso de un edificio. Era casi medianoche y tenía que dar un descanso a mis pies. Así que entré, me senté y minutos después se acercó a mi mesa una muchacha japonesa que parecía tener aproximadamente la misma edad que yo.

—Me llamo Hiroko —dijo—. ¿Y tú?

—Linda —respondí.

—¿En dónde vives? —inquirió.

Repuse que aún no lo sabía.

Me ofreció su casa, al menos por aquella noche. ¿Y en dónde imaginas que vivía? ¡En Tokio! Había sido guiada hasta Tachikawa para hallar un lugar de Tokio en donde vivir.

Las dos ciudades se encuentran a una hora de distancia, e Hiroko trabajaba en la base de las fuerzas aéreas de Tachikawa. Otra "coincidencia" angélica. La acompañé hasta su trabajo en el autobús gratuito para el personal militar. En la parada conocí a una chica norteamericana, que me invitó a su casa, en donde fui cordialmente acogida por su familia.

Su padre era un oficial encargado de cinco bases y me ayudó a conseguir unos pases para los aviones y autobuses militares y todos los comedores y almacenes de las bases. Durante el resto de mi estancia en el Japón, viví con esta generosa familia y trabajé como voluntaria de la Cruz Roja en el hospital de la base, atendiendo a soldados heridos en la guerra de Vietnam.

Tras un año en Japón, regresé a Fort Lauderdale en el verano de 1971, desasosegada porque en la filosofía oriental no había encontrado "respuestas", simplemente más conocimientos que me empujaban a plantearme nuevas preguntas.

Tratando de reanudar la vida que había abandonado, me dediqué a aprender algo más sobre salud y espiritualidad. Decidí seguir ejerciendo como profesora, pero quería especializarme como conferenciante en la enseñanza acerca de un modo holístico de vivir. Sabía que de esa manera podría ayudar mejor a otros y creía que, si perfeccionaba mis energías intuitivas, sería más útil a las gentes.

Una noche cálida y húmeda de aquel verano, sola a la orilla de Biscayne Bay, en Miami, me enfrenté con la encrucijada de mi vida. Conocía que poseía una capacidad intuitiva —psíquica— superior a la de la mayoría de las personas. Era clarividente, podía ver auras y percibir la guía divina de Dios y la de los ángeles. En pos de una verdad que me eludía, había ido incluso al místico Extremo Oriente. Había rezado en templos dorados y en antiguos santuarios, iglesias remotas y grandes catedrales. Había tratado de aprender todo lo posible de las gentes con quienes me topé. Había puesto a prueba mi fe de muchas maneras. Pero consideraba que me faltaba algo.

Yo era un ser humano normal, una joven que, como la mayoría de las personas, me advertía a veces influida por el frívolo estilo de vida de quienes me rodeaban. Aunque no había puesto *todo* mi ser al servicio de Dios, sentía que había sido escogida para una misión especial en Su nombre. Simplemente ignoraba de qué misión se trataba y si bien solicité repetidamente una orientación durante el último año, no había obtenido ninguna respuesta clara.

Aquella noche me creía terriblemente desgraciada. Las aguas de la bahía se agitaban espumeantes, rompían a mis pies las olas oscuras y en su inquieta superficie danzaban las luces de la ciudad. Todo lo que cabía hacer era rezar. Dije a Dios que elegía aquel momento para entregarle mi vida; que ya no deseaba nada que no fuese por mi bien supremo.

—No quiero hacer ya nada en mi vida sino *tu* voluntad —declaré.

Súbitamente contemplé el mar con una nueva paz íntima, como si la catarsis emocional que acababa de experimentar hubiese serenado las aguas de la bahía y mi mente.

A la mañana siguiente me despertó una voz.

—Linda, quiero ayudarte —dijo.

Sorprendida, me senté en la cama, creyendo que había estado soñando.

—Actuaremos contigo, guiándote —prosiguió la voz—. Te brindaremos muchas oportunidades para ayudarte a realizar la misión que has elegido.

Dios había respondido al fin a mis oraciones. La voz era de origen divino, lo sentía. ¿Se trataba de uno de mis ángeles de la guarda? ¿O era otro ser angélico? ¿Resonaba la voz en mi habitación o en mi mente? Carecía de respuestas objetivas para cada una de esas preguntas.

Desde aquella mañana del 30 de junio de 1971, mi vida ha estado guiada por Dios y sus mensajeros angélicos. Puedo sentir su presencia. A quien dude de la existencia de estas fuerzas, sólo puedo enseñarle a que experimente por sí mismo esta comunicación.

Desde entonces, y durante más de veinte años, he viajado mucho y enseñado a personas de todas las edades y procedencias los principios holísticos de una mente, un cuerpo y un alma sanos. Obedecer a nuestro sistema interno de orientación, la asistencia divina transmitida por el espíritu angélico, es la piedra angular de una vida sana.

Me siento tan a gusto aprendiendo de un *kahuna* sabio y anciano en un boscoso monte de Hawai como hablando sobre el universo con una monja de Los Ángeles, un rabino de Filadelfia, un sacerdote de Nuevo México o un ateo en Seattle. Todos tenemos mucho que aprender unos de otros, muchas ideas que compartir.

A través de mis propios programas de radio y televisión, de mi presencia en otros y en mis frecuentes conferencias, he tenido la suerte de conocer a numerosas personas con mucho que referirme. Agradezco a todas que hayan enriquecido mi vida y las de muchos otros.

¡Cuando hice saber que estaba reuniendo relatos de asistencia angélica para incluirlos en un libro sobre la comunicación con los ángeles, respondieron muchas personas de todo el país con cartas, llamadas telefónicas e incluso por fax!

Esos seres no son diferentes de tu familia, tus compañeros de trabajo y tus amigos. Todos han pasado por experiencias que les dejaron una impresión perdurable y que en algunos casos cambiaron sus vidas. Son cristianos, judíos, o no se hallan adscritos a una determinada confesión religiosa. Son médicos, agentes de policía, enfermeras, amas de casa, periodistas, escolares, secretarias, empresarios y artistas. Algunos poseen títulos superiores. Y otros jamás pisaron una universidad. Viven en grandes ciudades, en suburbios, en poblaciones pequeñas y en pleno campo. Son hombres y mujeres; se consideran liberales o conservadores o están a medio camino de unos y otros.

No saben muy bien qué pensar de sus experiencias, y creen de todo corazón que sus vidas se hallan bendecidas por la presencia de los ángeles. Fuera del círculo íntimo de amigos y familiares, jamás hablaban de eso a nadie. Nunca dijeron una palabra. Y desde hace unos años lo manifiestan públicamente.

Todos me revelaron la verdad, tal como la experimentaron.

Algunos me pidieron que no utilizase su auténtico nombre, pero la mayoría prefirió que se diese a conocer.

En casi todos los relatos hubo testigos de la experiencia.

Los ángeles, al parecer, actúan libre y abiertamente.

En mis conferencias por todo el país acerca de los ángeles, los asistentes se muestran muy dispuestas a sincerarse conmigo. Cuando les refiero mis experiencias, se sienten más capaces de revelarme las suyas. Algunas de las historias que leerás aquí proceden de personas a las que conocí cuando acudieron a escuchar una conferencia mía o me oyeron cuando me entrevistaban en radio o televisión. Traté a otras como clientes. Y algunas me llegaron remitidas por amigos, compañeros y los medios de comunicación tras haber oído algo relativo a la preparación del libro.

Ha sido maravilloso presenciar este renacer del interés por los ángeles. Siempre estuvieron con nosotros, y si bien no creo que fuesen *personalmente* ignorados en nuestro mundo moderno, durante la mayor parte del siglo XX se han hallado desde luego *públicamente* ausentes fuera de la iglesia, la sinagoga y la mezquita.

Pero resulta evidente que en los últimos años ha florecido de nuevo la conciencia de los ángeles. En librerías, quioscos de periódicos, programas de radio y televisión y en los informativos, todo el mundo habla de experiencias angélicas, del conocimiento sobre los ángeles y del creciente interés por todas y cada una de las cuestiones referentes a ellos.

Se aborda la asistencia divina a través de los ángeles en relación no sólo con la fe, sino también en lo que atañe a una óptima salud física y emocional. Recurrir a un Poder Superior en demanda de orientación y fortaleza ha sido siempre el fundamento de los programas de recuperación de los doce pasos, y ahora el poder angélico se ha abierto también camino en algunas prácticas de los doce pasos.

La psiconeuroinmunología, rama relativamente nueva de la Medicina que se concentra en la relación entre mente y cuerpo, estudia incluso el poder angélico.

Ladies Home Journal, una de las mayores revistas femeninas de los Estados Unidos, publica experiencias de sus lectoras con la asistencia angélica.

Representados durante siglos por el arte y por las letras de las canciones populares y a lo largo de décadas por películas y telefilmes, los ángeles se han convertido más recientemente por añadidura en tema de seminarios y cursillos, de conferencias y convenciones nacionales, de boletines informativos e incluso de clubes de compiladores.

Mientras preparaba este libro, los informativos de la CBS anunciaron en el otoño de 1993 los resultados de una encuesta en escala nacional: el 67 por 100 de los norteamericanos creen en los ángeles, el 54 por 100 creen tener un ángel de la guarda, y el 12 por 100 afirman que se comunican con los ángeles.

—Creen y por eso ven —declaró Harry Smith de la CBS.

Un reciente sondeo Gallup revela que el 80 por 100 de los norteamericanos creen que Dios hace milagros. Y un estudio del National Opinion Research Center de Chicago señala que el 57 por 100 de los norteamericanos rezan diariamente, el 78 por 100 rezan al menos una vez a la semana, y sólo un 1 por 100 no rezan jamás.

Los ángeles han desempeñado un papel decisivo en la vida de todos, tanto de los que son conscientes de ese hecho como de los que no lo son, tanto si denominan angélica a esa fuerza como si no es ése el caso.

Nos basta con mirar alrededor para comprender que alguna fuerza guía nuestro mundo, porque es simplemente un milagro que estemos aquí, que sobrevivamos y medremos.

Los hombres de ciencia buscan respuestas y reconocen que lo desconocido, lo milagroso, la fuerza creadora en el universo, es algo elusivo. Se resiste a una definición. No desea ser cuantificado.

En *The Mind of God*, el científico Paul Davies comenta esta búsqueda.

"Comencé realizando investigaciones sobre temas como el origen del universo, la naturaleza del tiempo y la unificación de las leyes de la Física, y me encontré irrumpiendo en un territorio que durante siglos ha sido coto casi exclusivo de la religión", indica. "Pero la ciencia proporcionaba aquí respuestas a lo antes desdeñado como misterios tenebrosos o descubría que los conceptos mismos de donde tomaban su poder tales misterios carecían en realidad de significación o eran incluso erróneos." Ciencia y religión tratan de responderse una a otra cada día. Siempre ha sido así y probablemente siempre será. "A través de mi trabajo científico", concluye, "he llegado a creer cada vez más intensamente que el universo se halla integrado con una inteligencia tan asombrosa que no puedo aceptarlo simplemente como un hecho bruto. Tiene que haber, creo, un nivel más hondo de explicación. Si uno desea llamar "Dios" a ese nivel más hondo, es una cuestión de gusto y de definición.

¿Podemos *probar* siquiera que existe un Dios, un Poder Superior, una Inteligencia Universal, una Fuerza Creadora? Nadie es capaz de responder hoy a eso. ¿Podemos, pues, por extensión, *probar* que hay seres o fuerzas angélicas? Tampoco nadie puede responder ahora a eso.

La llamada prueba incumbe a las creencias de cada individuo. Los hechos hablan por sí mismos.

Mi gratitud para todos aquellos que generosamente me entregaron su tiempo y sus corazones para compartir las experiencias que aparecen en estas páginas.

Como escribió la poetisa Emily Dickinson:

Jamás hablé con Dios,
Ni visité el cielo;
Estoy, sin embargo, segura de su existencia
Como si tuviera un mapa.

Segunda Parte

DOCTRINA ANGÉLICA

*

Bendecid a Yahvé, ángeles suyos, héroes potentes, ejecutores de sus órdenes, en cuanto oigáis la voz de su palabra.

SALMO 103, 20

*

RELIGIONES Y TRADICIONES HAN ESTABLECIDO UNA jerarquía de los ángeles, una burocracia que puede confundirnos y desviarnos incluso de la verdadera naturaleza de la idea de la guía y de la protección angélicas.

No es preciso aprender de memoria largas listas de nombres de ángeles, posiciones y deberes angélicos, porque no es eso lo que importa. Interesa algo mucho más sencillo. Cuando prescindes de la burocracia, te encuentras con un vínculo, una relación de uno a otro en los *sentimientos* que te guían, y esos sentimientos, creemos muchos, son nuestros ángeles.

Resulta interesante conocer la historia de los ángeles porque nos proporciona una perspectiva, nos muestra el largo camino que ha recorrido la fe y nos brinda un marco de referencia y una base para nuestra conciencia de los ángeles.

Todos los pueblos tienen una fe en lo invisible, en el universo, en un poder o poderes que actúan aquí con nosotros. La única diferencia estriba en el modo en que cada grupo describe lo divino.

La ciencia angélica es rica, variada y a menudo confusa. Cada una de las grandes religiones monoteístas del mundo tiene su propia versión de la historia, la organización y los deberes de los ángeles, pero muchas se superponen de manera tal que es posible citar tradiciones generalmente aceptadas *dentro* del judaísmo, el cristianismo y el islam, así como *entre* los tres.

Aunque en países como los Estados Unidos se tiende a asociar a los ángeles con el cristianismo, y más específicamente con el catolicismo, el cristianismo no concibió la noción de los ángeles. No tiene aún dos mil años y adoptó buena parte de los elementos angélicos básicos de otras religiones de la Antigüedad, en especial del judaísmo, puesto que Jesús era judío.

Cristianismo y judaísmo tienen en común el Antiguo Testamento, en donde aparecen numerosas referencias a los ángeles. Y éstos siguen figurando de manera destacada en el Nuevo Testamento cristiano. Siempre estuvieron presentes en los grandes acontecimientos del Antiguo y del Nuevo Testamentos con mensajes de Dios y asistencia angélica.

Si bien los ángeles revisten muchas variedades, con distintos deberes específicos, estas tres religiones coinciden en señalar que un ángel es un *mensajero* de Dios.

Y las tres están de acuerdo en que los ángeles fueron creados *antes* que los seres humanos.

Como norma, los ángeles constituyen una clase por sí mismos. No son las almas de los muertos, y en realidad nunca fueron humanos ni mortales. No son los dioses de los griegos, los romanos o de cualquier otra mitología. Tienen la capacidad de presentar una apariencia humana para ayudarnos, mas por lo común no permanecen mucho tiempo en un sitio una vez concluida su tarea. Vuelves la cabeza y ya se han ido, llevándose cualesquiera vehículos u otros objetos útiles que puedan haber traído consigo.

Como todos conocemos que cada regla tiene su excepción, no te sorprenderá saber que también existe aquí. De Enoc, el antiguo profeta, indudablemente muy humano, se dice que fue llevado por el arcángel San Miguel a los cielos, en donde Dios lo transformó en ángel.

Iniciaremos nuestro viaje por la historia angélica con los esenios, una secta judía que floreció en Oriente Medio hace nada menos que cuatro mil años. Los esenios aún existían en la época de Cristo y se cree que estudió con ellos durante su juventud.

Los esenios, grupo específicamente espiritual que se consideraban una hermandad y practicaban un judaísmo más esotérico que el de la generalidad de los hebreos, creían en un Árbol de la Vida con siete ramas que crecían hacia el cielo y siete raíces que penetraban en la tierra. El místico número siete, que aparece también en otras religiones y filosofías, se hallaba además representado por los esenios en la correspondencia de las ramas y raíces de su Árbol de la Vida con las siete mañanas y las siete tardes de la semana. Sus ángeles se encargaban de diversas misiones en el cielo y en la Tierra. Bajo la guía de un Padre Celestial y de una Madre Terrenal, estos ángeles carecían de nombre. Sólo más tarde judaísmo y cristianismo dieron a estas vibraciones angélicas nombres y descripciones físicas semejantes a los de los humanos. Los siete arcángeles proceden de los siete ángeles esenios que actuaban en los cielos y en la Tierra.

Según el mazdeísmo, una antigua religión persa, Dios tiene siete espíritus especiales que desempeñan para Él diversas funciones en la Tierra. Esta religión rebosaba de ángeles, y hacia el año 1000 antes de Cristo influyó en el antiguo judaísmo, especialmente en la creencia en los siete ángeles especiales que en el cristianismo serían conocidos como arcángeles.

Las tradiciones espirituales y místicas del judaísmo se desarrollaron durante miles de años. En el judaísmo se cree que cuando Dios quiso crear el hombre, los ángeles preguntaron:

—¿Quién es ese hombre en que piensas? ¿Qué tratas de conseguir de él?

Dios replicó:

—Cumplirá mi Ley y mis mandamientos.

—*Nosotros* los cumpliríamos —sugirieron los ángeles.

—Vosotros no podéis —repuso.

—¿Por qué? —preguntaron.

—Está escrito: "Un hombre muere, vosotros no morís. Una mujer pare hijos, vosotros no parís hijos. Un hombre come, vosotros no coméis."

Así que, durante los afanosos días de la Creación, Dios puso muy en claro a los ángeles que no eran humanos mortales. No, Dios pensaba en algo distinto para Sus ángeles. Estarían con Él en los cielos y contribuirían al curso ordenado del universo. Observarían a los hombres, les ayudarían y les transmitirían sus mensajes.

Cuando un justo muera, se le aparecerán tres grupos de ángeles auxiliadores, proclamando su entrada en los cielos y en la paz, escribe un antiguo maestro judío, el rabino Me'ir. Otro estudioso, el rabino Fineas, declaró que hay un ángel encargado específicamente de recoger nuestras oraciones y de presentarlas ante Dios. En el siglo II, el rabino José ben Judá enseñó que el sábado los ángeles acompañan a los fieles desde el templo a sus hogares.

Las enseñanzas judías señalan también que los ángeles son la familia de Dios, y que aunque realizan Su obra, nosotros podemos rogar *directamente* a Dios. "Si un hombre se halla en apuros", se dice en el *Talmud*, colección autorizada de la tradición, el derecho y la teología judíos, "que no llame a Miguel o a Gabriel, sino directamente a mí y le escucharé en el acto".

Los ángeles no deben ser objeto de veneración o adoración; *ésta* se halla reservada a Dios. E incluso los ángeles, que viven eternamente, no pueden ver la Gloria de Dios. Sólo hombres y mujeres conseguirán ver a Dios, pero jamás en vida, tan sólo tras el momento de su muerte.

Las enseñanzas primigenias indican también que un ángel, actuando por orden de Dios, posee poderes sorprendentes, pero carece de facultad para causar daño alguno a un pecador que diga "Me arrepiento".

Los ángeles, como agentes de Dios, tienen muchas obligaciones; pero la más importante es la de cuidar de quienes vivimos en la Tierra. Los antiguos rabinos refieren numerosos relatos de milagros: un ángel rescata a una muchacha a punto de ahogarse, por ejemplo. En el Antiguo Testamento aparecen muchos de estos hechos.

También se creía que "cuando un hombre va por su camino, un tropel de ángeles le precede, proclamando: 'Dejad paso a la imagen del Santo, bendito sea El' ". Como los seres humanos fueron creados a imagen de Dios, los ángeles los amaron y protegieron, advierte hacia mediados del siglo II el rabino Josuá ben Leví.

Según las primitivas enseñanzas judías, los ángeles no se multiplican. Todos los ángeles que existirán existen *ya*. Y estos ángeles actúan sin descanso. Visitan al enfermo y se hallan también presentes en las ocasiones jubilosas. Acuden a ayudar, pero también a celebrar. Y eso *además* de los ángeles que cada persona tiene en torno de sí todo el tiempo. ¿Con cuántos ángeles de la guarda contamos? Las religiones no coinciden a la hora de responder. Según las enseñanzas hebraicas originarias, a cada judío se le asignan once mil ángeles de la guarda. El cristianismo no se aproxima a tal cifra cuando se refiere al número de ángeles de la guardia atribuidos a *cualquier* miembro de cualquier confesión. Los católicos creen que al nacer se nos asigna a cada uno al menos un ángel de la guarda. El cristianismo no limita el número de los que cabe tener. Esencialmente, podemos contar con tantos como Dios juzgue que necesitamos.

Considerando las tribulaciones por las que pasaron los judíos en tiempos antiguos, y especialmente la persecución que prosigue en muchos lugares del mundo, no es sorprendente que a cada uno se le asignen once mil ángeles de la guarda.

La filosofía judía enseña que este mundo es una "universidad para el alma".

Louis Jacobs declara, en *Jewish Ethics, Philosophy and Mysticism*, que "el misticismo judío... es una rama de la filosofía judía, pero con mayor énfasis en la experiencia individual y en una conciencia más directa de la divinidad", y que el místico "trata de experimentar en su vida personal aquellas ideas de que habla el filósofo".

Parte de esta experiencia directa con la divinidad es interacción con los ángeles de Dios. Como el misticismo judío constituye la base de las creencias cristianas acerca de los ángeles, advertimos que son compatibles las dos escuelas de pensamiento. En la raíz de la fe de cada religión se halla la creencia, expresada por el filósofo judío del siglo XV José Albo, de que no debemos pensar que una cosa es imposible simplemente porque la mente no entienda cómo opera.

Tenemos que recordar las palabras de este filósofo, ya que Dios y los ángeles en su nombre intervienen en nuestras vidas en todo, desde coincidencias a grandes milagros. Pero el místico es insaciablemente curioso y desea *comprender* cómo actúa todo, incluyendo la divinidad.

A menudo asociamos exclusivamente el misticismo con las religiones y filosofías orientales, con el pensamiento budista e hinduista, con la meditación y la contemplación del zen y los taoístas, o con los norteamericanos nativos y su búsqueda de visiones. Pero el misticismo judío, tal como se practicaba comúnmente hace centenares y miles de años, y en grado mucho menor ahora, resulta muy semejante. Aunque haya desde luego diferencias en enfoque y métodos, el objetivo es el mismo: llegar a ser uno con Dios. En el judaísmo, el místico cree que el hombre ha sido creado literalmente a imagen de Dios, así que se describe a sí mismo como quien se afana en la perfección hasta no ser nada más que reflejo de Dios.

No es necesario considerar al místico como un ser misterioso. Cualquiera —hombre, mujer o niño— que busque el conocimiento de la divinidad y el aspecto divino de todas las cosas tiene un poco de místico en sí. ¡Cualquiera que coja un libro sobre los ángeles posee la curiosidad del místico!

El conocimiento místico judío, a partir del cual se desarrollaron las creencias cristianas sobre Dios, los ángeles y el universo, se halla contenido en la Cábala, que no es un libro, sino un cuerpo de conocimientos, de enseñanzas místicas. Se llamó Cábala, que significa "tradición", en el siglo XII, pero se practicaba desde tiempos antiguos que se remontan a la época de Moisés. Sus enseñanzas fueron transmitidas oralmente, de generación en generación. Se la concibe mejor como un sistema de pensamiento, una manera de percibir el mundo y los cielos, un modo de penetrar en los misterios del universo.

No es una tarea intelectual o una descripción de leyes religiosas. Tampoco constituye una explicación de la doctrina. Engloba la meditación y la contemplación. Y aunque otras disciplinas espirituales apremian a quienes las ejercen a acometer su empeño en un lugar sereno, por ejemplo, en la cima de una montaña, el místico judío lleva a cabo su contemplación mientras vive sumido en su comunidad y en el mundo en general. Así ha sido desde tiempos lejanos. Los antiguos místicos concedían gran importancia a las visiones y a la contemplación. Los de la Edad Media, en España y el Oriente Medio, se concentraban en los aspectos proféticos de la meditación. Otros místicos europeos, en especial de épocas más recientes, oraban con fervor.

Durante cinco mil años, la vía del misticismo judío ha sido la misma. Perle Epstein señala, en *Kabbalah: The Way of the Jewish Mystic*, que el que busca "destila la presencia de Dios de las estrellas, las gentes, los alimentos, de toda la vida que le rodea. Cuando sus sensaciones se perfeccionen, se tornará versado en el mundo etéreo de los seres angélicos, color y sonido puros, hasta que finalmente alcance el nivel inefable de conciencia denominado *devekut*, unión con Dios, el estado más alto accesible a la conciencia humana".

La obra del místico se realiza en la mente. Para llegar con el tiempo al reino de los ángeles y de Dios, el místico medita, contempla, ora, analiza, reflexiona y visualiza.

Una práctica común del místico consiste en visualizar el viaje hasta Dios. Cabe explicar mejor estas visiones a través de la metáfora del Árbol de la Vida, cuyas ramas se hallan constituidas por diez esferas diversamente coloreadas, cada una de las cuales representa un "mundo" ascendente o nivel de percepción espiritual. Este árbol crece en un jardín llamado *Pardes*. Pero antes de penetrar en ese jardín, pasas por el reino de los *Ophanim*, ángeles que adoptan la forma de ruedas. Éstas aparecerían también representadas en la jerarquía de ángeles que luego harían oficial los cristianos en el siglo IV.

En *El libro de la orientación sobre los deberes del corazón*, una influyente guía mística del siglo XI, escrita por Bahya ben Joseph ibn Pakuda, el viaje espiritual para conocer a los ángeles en su reino y llegar a ser uno con Dios lleva al aspirante a través de los diez niveles del Árbol de la Vida, separado cada uno por una puerta que ha de franquear.

Primera puerta: Estudio de lo divino en la naturaleza. Abarca cada aspecto de nuestro mundo terrenal desde los organismos más simples a los seres humanos.

Segunda puerta: La adoración precisa de Dios dimanada de estas contemplaciones.

Tercera puerta: Esperanza. Confiar sólo en Dios y en el divino orden universal.

Cuarta puerta: Aceptación. Sentirte cada vez más satisfecho de tu vida, sabiendo que aprendes incluso de las pruebas que has de soportar y que te hallas asociado a Dios.

Quinta puerta: Hipocresía. Pon a prueba tu sinceridad y tu fe, tentándote con dudas, ira y nihilismo.

Sexta puerta: Humildad.

Séptima puerta: Arrepentimiento. Encuentras tus pecados pasados, te enfrentas honestamente con tus acciones y te arrepientes de palabra, pensamiento y obra.

Octava puerta: Examen del alma.

Novena puerta: Privación. Autodisciplina para ser capaz de abstenerse de la corrupción.

Décima puerta: Santificación.

Tras pasar por la décima puerta, el aspirante abandona el reino del Miedo, del temor a lo divino, y penetra en el reino del Amor, experimentándolo por la divinidad.

Los místicos no decían que fuera imposible la comunicación con los ángeles hasta tener visiones que permitan ascender por el Árbol de la Vida a través de cada puerta, hasta llegar al regazo de Dios. Tanto consciente como inconscientemente, interactuamos con nuestros ángeles de la guarda y con otros ángeles. Basta con que necesitemos ayuda, por ejemplo, y ellos la proporcionarán. Puede que algunos no la advirtamos de inmediato o que no la veamos hasta mucho más tarde, pero su auxilio está allí. A menudo ni siquiera tenemos que *pensar*: "Ay, ahora me hace falta ayuda." Se anticipan a nuestras necesidades.

Los místicos tratan de visualizar su camino hasta el *reino* de los ángeles y de la divinidad. Fue, desde luego, tras una serie de esas visiones cuando Enoc, el gran escriba antiguo, describió cómo son los niveles del cielo. A través de esas visiones el hombre de la calle (o del sendero, en tiempos antiguos) podía saber del cielo, los ángeles y Dios, sobre sus deberes y su entorno. Los místicos que emprendieron en sus mentes estos viajes esencialmente espirituales retornaron para decirnos a los demás lo que vieron. Sus visiones constituyen la base de lo que se enseña acerca del cielo a cada judío y a cada cristiano de hoy.

Enoc, abuelo de Noé, proporcionó la mayor parte de la información. "Siguiendo la vía mística judía a la perfección... soledad y oración, abierto su ojo interior al mundo de los seres angélicos." Escribe Perle Epstein en *Kabbalah: The Way of the Jewish Mystic*, "Enoc puede pronto desplazarse con facilidad entre el mundo de los hombres y el reino celestial de los ángeles. Operando como mensajero divino, exhorta a la Humanidad a apartarse de sus preocupaciones mundanas y a orientarse hacia las espirituales, mientras que sus muy desarrolladas capacidades psíquicas le permiten aprender directamente los misterios divinos de la boca de los ángeles".

Enoc realizó muchos viajes al cielo, volvió y lo describió con metáforas y de modo minucioso. En su última incursión reflexiva de la mente como mortal encuentra el primer orden de ángeles al entrar en el palacio celestial.

Le enseñan secretos y experimenta la cualidad divina de *Entendimiento*, una mujer en un trono. Luego conoce un aspecto de Dios, a quien describe con una cabeza "blanca como la lana" que está con un ser del que Enoc dice que es el Mesías, un hombre "de rostro colmado de bondad, como uno de los santos ángeles". Pasa después Enoc sobre siete montañas, en un valle aprende de los ángeles los secretos del rayo y del trueno y finalmente encuentra a Dios, a quien Enoc llama el Antiguo de los Días. Tan pronto como Lo ve sentado en Su trono, Enoc es arrebatado en vida al cielo y se convierte en el ángel Metatron.

El arcángel San Miguel revela a Enoc todos los secretos de los siete cielos. Dios se halla rodeado por miles, quizá millones de ángeles: serafines, querubines y *ophanim*. Enoc dice: "Y todo mi cuerpo se serenó y mi espíritu se transfiguró, y grité con voz potente."

El Libro de Enoc, tres crónicas de sus viajes místicos al cielo y sus descripciones y transformación final en ángel, fue compilado hacia el siglo II antes de Cristo, y sigue siendo una de las descripciones más vivaces del reino angélico y de los diez cielos.

En el Antiguo Testamento sólo se menciona por su nombre a los ángeles Miguel y Gabriel*. Miguel acompañó a los judíos desde Egipto y a través del desierto, entregó a Moisés los Diez Mandamientos de Dios y rescató a Daniel de la fosa de los leones. Gabriel llevó muchos mensajes a Daniel, entre los cuales figuraba la profecía acerca de la llegada de un Mesías. Más tarde, en el cristianismo, ambos recibieron el nombre de arcángeles.

El arcángel Rafael aparece en la literatura religiosa no en el Antiguo o en el Nuevo Testamentos, sino en el libro apócrifo de Tobías**. Este texto relata la historia de un

---

* Como se verá inmediatamente, esta afirmación sólo es válida para las versiones bíblicas judías y protestantes, no para las católicas. (*N. del T.*)

** Apócrifo para judíos y protestantes. Tras algunas vacilaciones, la Iglesia católica lo reconoció como canónico. (*N. del T.*)

hombre, Tobías, al que ayuda el arcángel Rafael, revestido para la ocasión de forma humana.

En algunos pasajes del Antiguo Testamento se alude al aspecto de guarda de la asistencia angélica. En Daniel, 4, 20, dice éste: "En cuanto a lo que ha visto el rey: un Vigilante, un Santo que bajaba del cielo..."

En el Antiguo Testamento abundan los pasajes en que se atribuyen cualidades angélicas a algunas personas. En el Libro Segundo de Samuel, 14, 17, dice una sierva que solicita ayuda del rey David: "Pues mi señor el rey *es* como el Ángel de Dios para discernir el bien y el mal." Prosigue su loa de las virtudes del monarca, y en el Libro Segundo de Samuel, 14, 20, proclama que "es prudente como el Ángel de Dios, y sabe cuanto *sucede* en la tierra".

En el Nuevo Testamento, Gabriel lleva a María el mensaje de Dios de que dará a luz a Jesús, y, cuando éste nace, Gabriel anuncia la nueva a los pastores.

Aparecen ángeles de muchas clases en el Nuevo Testamento.

Cuando José recela del embarazo de María, un ángel se le presentó en sueños y dijo: "No temas tomar contigo a María tu mujer, porque lo engendrado en ella es del Espíritu Santo" (Evangelio según San Mateo, 1, 20).

Justo después del nacimiento de Jesús, el rey Herodes decide matar al recién nacido. Una vez más, un ángel se aparece a José en sueños, esta vez con una advertencia y una solución: "Toma contigo al niño y su madre, huye a Egipto y quédate allí hasta que yo te diga. Porque Herodes buscará al niño para matarlo" (Evangelio según San Mateo, 2, 13).

El ángel cumplió su promesa, reapareciendo ante José dormido para decirle: "Levántate, toma contigo al niño y a su madre y ponte en camino hacia la tierra de Israel, pues ya han muerto los que buscaban la vida del niño" (Evangelio según San Mateo, 2, 19-20).

José, María y Jesús regresaron a Israel, pero no a Judea, porque allí reinaba Arquelao tras la muerte de su padre Herodes. Temeroso de que el nuevo monarca maquinase la muerte de Jesús, José optó por ir al distrito de Galilea, tras haber sido advertido de nuevo en un sueño.

La misión del ángel se halla claramente definida en la Epístola a los hebreos, 1, 14, del Nuevo Testamento: "¿Es que no son todos ellos espíritus servidores con la misión de asistir a los que han de heredar la salvación?"

En la Epístola a los hebreos, 2, 9, se explica el rango de Jesús: "Lo hiciste por un poco inferior a los ángeles, de gloria y honor lo coronaste. Todo lo sometiste a sus pies."

También en el Nuevo Testamento se encuentra una de las citas más famosas acerca de los ángeles: "No os olvidéis de la hospitalidad; gracias a ésta, hospedaron algunos, sin saberlo, a ángeles" (Epístola a los hebreos, 13, 2). Nunca se sabe, ¿verdad?

La jerarquía celestial

Guiándose por las enseñanzas de los místicos judíos, el Libro de Enoc y otros textos judíos y cristianos, Dionisio escribió en el siglo V *De la jerarquía celeste** que es la base de la concepción hoy generalmente aceptada de la burocracia angélica.

Nueve jerarquías de ángeles giran en torno del trono de Dios, y se hallan divididas en tres grupos u órdenes. Dentro de cada orden hay tres tipos de ángeles llamados coros. El primer orden es el más próximo a Dios, seguido por el segundo y el tercero. El primer coro del primer orden es el más cercano a Dios, y luego se suceden los demás.

Los coros del Primer Orden son los ángeles que asisten a Dios y siempre se hallan ante Él. Santo Tomás enseñó que esos coros nunca bajan a la Tierra. Se les conoce también como "ángeles fieles".

---

* Atribuida durante mucho tiempo a San Dionisio Areopagita, contemporáneo de San Pablo y obispo de Atenas (siglo I). Está ya demostrado que es obra de un autor desconocido, al que, a falta de mejor designación, se llama Pseudo Dionisio Areopagita (siglo V).

PRIMER ORDEN

1. Serafines
2. Querubines
3. Ophanim

SEGUNDO ORDEN

4. Dominaciones
5. Virtudes
6. Potestades

Tercer Orden

7. Principados
8. Arcángeles
9. Ángeles

El deber principal de los *Serafines* consiste en describir eternamente giros en torno del trono de Dios mientras entonan en hebreo una oración que todavía hoy forma parte de los servicios religiosos judíos, conocida como el *kaddish*. Cada serafín canta: "Santo, Santo, Santo es el Señor de los Ejércitos, toda la tierra rebosa de Su Gloria." Se la interpreta como una canción de creación y la vibración de Amor. Se describe físicamente a estos ángeles como luz y pensamiento puros, y los profetas que los contemplaron en visiones afirmaron que parecen "ángeles flamígeros".

Los *Querubines* guardan el camino al Árbol de la Vida, al este del Jardín del Edén. Al querubín se le concibe a menudo como Conocimiento. El profeta Ezequiel vio a cuatro querubines y dijo que cada uno poseía cuatro caras y cuatro alas. Y sin embargo, aunque con mayor frecuencia se les describa de esa manera, pintores y artistas de siglos subsiguientes llamaron querubes o querubines a los ángeles infantiles y mofletudos que crearon en sus obras.

Los *Ophanim*, conocidos asimismo como Ruedas o Tronos, son los medios de transporte de Dios. En las visiones de Ezequiel, los querubines impulsaban esas ruedas de muchos ojos y alas, y Enoc afirma que parecían "carbones encendidos".

✳

Los *Coros del Segundo Orden* son los ángeles asistentes que guardan las cosas mayores del universo.

Las *Dominaciones* llevan la cuenta de los demás seres celestiales, regulando los deberes de cada uno.

Las *Virtudes* realizan milagros y tareas como auxiliadores de la Humanidad, dispensando ánimos. Dos Virtudes escoltaron a Cristo a los Cielos y ayudaron a Eva cuando dio a luz a Caín. Bendicen además con la gracia de Dios.

Las *Potestades* protegen a los cielos de los demonios, y algunos creen que vigilan nuestras almas mientras libramos la lucha constante entre el bien y el mal. Guían también a aquellas almas que se pierden tras abandonar su cuerpo. En razón de su continua batalla contra el mal, algunos creen que las Potestades perdieron la mayoría de los suyos ante Lucifer cuando éste trató de arrebatar a Dios el dominio de los cielos, perdió y cayó a los infiernos, en donde reina como Satán, atendido por otros ángeles caídos.

✳

Los *Coros del Tercer Orden* son los ángeles que más directamente nos asisten en la Tierra.

Los *Principados* protegen a las religiones, las naciones y las ciudades.

Los *Arcángeles* son los mensajeros más importantes entre Dios y los seres humanos. El islam reconoce a cuatro arcángeles, mientras que para el judaísmo y el cristianismo existen siete. Todos poseen nombres, deberes y cualidades específicos, y a menudo se les describe con características físicas humanas.

Los *Ángeles* son los más próximos a los seres humanos y entre ellos figuran los de la guarda. En hebreo se los llama *mal'aj*, que significa "mensajero". El término ángel procede del *angelos* griego, que posee el mismo significado.

Los arcángeles

Entre los incontables ángeles que pueblan los reinos celestiales figuran aquellos a quienes han dado nombres muchas religiones y culturas del mundo. Éstos son los ángeles de los que hemos oído hablar desde nuestra niñez, los que nos maravillaron y transmitieron su sabiduría, no sólo según la Biblia u otros relatos y tradiciones religiosos que estudiamos, sino también de acuerdo con la cultura popular.

Nuestro conocimiento de los ángeles procede fundamentalmente del cristianismo, del judaísmo y del islam, y las tres religiones reconocen a algunos arcángeles por sus nombres. En la tradición judeocristiana hay siete, en la islámica sólo cuatro.

En el Libro de Enoc, tres crónicas compiladas hacia el siglo II antes de Cristo, Enoc, elegido por Dios para escribir la verdad y por eso considerado el mayor escriba del mundo en su época, narra su viaje a los cielos. Allí conoce a los ángeles en toda su gloria burocrática. Se refiere a sus posiciones, deberes y caracteres, a su apariencia física y a su historia. Menciona incluso por sus nombres a los siete arcángeles, "los santos ángeles que vigilan". Esos siete son, por lo general, considerados como los más santos y más firmes ángeles de Dios, tanto en el judaísmo como en el cristianismo, junto con unos cuantos más que fueron incorporados a la lista a lo largo de los siglos.

Enoc, que después sería llevado a los cielos y transformado en el poderoso ángel Metatron, escribió sus libros cuando aún estaba en la Tierra. He aquí su relación de los siete arcángeles:

- Uriel... que preside el mundo.
- Rafael... que preside los espíritus de los hombres.
- Raguel... que toma venganza del mundo de las luminarias.
- Miguel... que preside la mejor parte de la Humanidad y el caos.
- Saraqael... que está sobre los espíritus que pecan en el espíritu.
- Gabriel... que preside el Paraíso, las serpientes y los querubines.
- Remiel... que preside a los que se elevan.

En el Libro de Tobías de la Biblia católica aparecen mencionados también siete arcángeles. El arcángel Rafael se refiere a ellos como ángeles "siempre presentes y con acceso a la Gloria del Señor". El sufijo "el" de cada nombre angélico significa "ser brillante".

Dionisio, que en el siglo V escribió *De la jerarquía celeste**, una clasificación de ángeles y seres celestiales todavía aceptada, afirmó que los arcángeles son mensajeros que transmiten las decisiones divinas y constituyen el vínculo más importante entre Dios y la Humanidad. Escribió que gobiernan a los ángeles en los cielos y combaten a los Hijos de las Tinieblas.

El Antiguo Testamento sólo menciona por su nombre a Miguel y a Gabriel. En el Nuevo Testamento, los siete ángeles que se hallan ante Dios en el Apocalipsis tienen generalmente la estimación de arcángeles.

Quince famosos ángeles, muchos de ellos considerados arcángeles, han merecido fundamentalmente la atención de la ciencia angélica y siguen atrayendo ahora nuestra imaginación.

---

* Véase nota anterior respecto de la desconocida identidad de este autor. (*N. del T.*)

Miguel

Quizás el más famoso y perdurable de todos, el arcángel Miguel es también llamado por los católicos San Miguel. Figura en la categoría de los grandes ángeles junto con Gabriel, Rafael y Uriel. Los cuatro encabezan siempre la lista de arcángeles en el cristianismo, el judaísmo y el islam. De Miguel, cuyo nombre significa "Quien es como Dios" , se dice que es el más próximo a la divinidad, el más poderoso defensor celestial, el ángel que dirigió la batalla contra el mal y que arrojó de los cielos a Satán y a los ángeles caídos.

"Miguel es el aliento del espíritu del Redentor que al final del mundo combatirá y destruirá al Anticristo, como hizo con Lucifer al comienzo", declaró Santo Tomás.

A lo largo de la historia bíblica se ha considerado a Miguel como el protector y defensor del pueblo judío, al que acompañó en el viaje desde Egipto y a través del desierto. Fue Miguel quien entregó a Moisés los Diez Mandamientos de Dios. Tras el auge del cristianismo, Miguel llegó a ser conocido como "defensor de la Iglesia católica". Los católicos recitan una oración especial a San Miguel Arcángel, pidiéndole protección frente al mal. Como Ángel del Juicio Final, a Miguel imploran los enfermos y, lo que es más importante aún, quienes se hallan cerca de la muerte. En la Edad Media se creía que guiaba a las almas hacia la otra vida. Incluso ahora se invoca su espíritu angélico cuando gentes de diversas confesiones recitan la frase popular: "Glorioso San Miguel, Príncipe de la Corte Celestial, ruega por nosotros ahora y en la hora de nuestra muerte."

Miguel fue siempre un ángel atareado. Detuvo a Abraham cuando iba a sacrificar a su hijo Isaac (aunque algunas tradiciones atribuyan esta acción al ángel Metatron), se apareció a Moisés en la zarza que ardía perennemente, rescató a Daniel de la fosa de los leones y se presentó ante Santa Juana de Arco.

Hace unos cuatro mil años, en la antigua secta judía de los esenios, se equiparaba a Miguel con el Ángel de la

Tierra, que regenera el cuerpo. En los manuscritos del mar Muerto se le llama Príncipe de la Luz.

Tan relevante era Miguel que fue honrado con su propia celebración. La festividad de San Miguel se estableció en el siglo V, bajo el Imperio Romano, y cobró todavía mayor importancia en la Edad Media, cuando Miguel era el santo patrón de los caballeros. Las Iglesias católica y anglicana fijan su fiesta en el 29 de septiembre. Las Iglesias griega, armenia y copta lo honran el 8 de noviembre.

En Inglaterra es habitual comer oca asada el día de San Miguel, costumbre que se remonta a varios centenares de años atrás, cuando los arrendatarios incluían una oca en el pago de la renta a los terratenientes. Según un antiguo proverbio inglés: "Si comes oca el día de San Miguel, no necesitarás dinero en todo el año." En la Gran Bretaña, San Miguel era tradicionalmente uno de los cuatro días trimestrales en que se pagaban ciertas cuentas y marcaba el comienzo del año judicial y el de un trimestre lectivo en Oxford y Cambridge.

El emperador Constantino atribuyó sus victorias a la protección de Miguel y construyó cerca de Constantinopla una iglesia en su honor a la que llamó Michaelion. El templo atrajo a multitud de peregrinos, muchos enfermos, de quienes se dice que fueron curados por la intercesión de Miguel. Tan fuerte era la fe en los poderes divinos otorgados a este arcángel principal que por toda Europa se alzaron iglesias bajo su advocación. ¡Los cristianos de Egipto llegaron incluso a dedicarle el río Nilo!

En arte, se presenta habitualmente a Miguel empuñando una espada desenvainada, pero la tradición islámica le atribuye alas de color verde esmeralda cubiertas de cabellos azafranados, cada uno de los cuales contiene un millón de rostros y de bocas y otras tantas lenguas.

Dentro de la jerarquía celestial, el arcángel Miguel gobierna los Cuatro Cielos.

En la Tierra, el Libro de Daniel del Antiguo Testamento afirma que será Miguel quien aparezca cuando el mundo se halle en gran peligro.

Gabriel

Segundo en importancia tras Miguel, el arcángel Gabriel se halla sentado a la izquierda de Dios. Gabriel, cuyo nombre significa "Dios es mi fuerza", es el único arcángel femenino; prosigue, sin embargo, el debate acerca de su género, ya que en ocasiones se presentó con apariencia masculina, y a lo largo de la historia las sociedades de predominio masculino han revelado su repugnancia a aceptar la posibilidad y preeminencia de un arcángel femenino.

Gabriel estuvo siempre asociado con la concepción y el nacimiento. Conocido como Ángel de la Encarnación, anunció a Daniel la llegada de un Mesías, a María que daría a luz a Jesús, y a San Zacarías que su esposa Santa Isabel daría a luz a San Juan Bautista. En la Iglesia católica, la oración del Ave María es la auténtica salutación de Gabriel a María, anunciándole su milagrosa concepción: "Santa María, llena eres de gracia, el Señor es contigo, bendita tú eres entre todas las mujeres."

La tradición católica insiste en el papel de Gabriel como cigüeña celestial, afirmando que también anunció el nacimiento de Jesús a los pastores de Belén y que luego encabezó a los ángeles que cantaron en torno del Niño: "Gloria a Dios en las alturas, y Paz en la Tierra a los hombres de buena voluntad."

El emblema de Gabriel es el lirio, que significa la concepción, y se dice que instruye a las almas durante los nueve meses que pasan en el útero, preparándolas para su llegada al mundo. Los antiguos esenios lo equiparaban con el Ángel de la Vida, "que penetra en los miembros y proporciona fuerza al cuerpo". Por dar la vida de otros modos, se le llama El que Despierta, Ángel de los Sueños, Ángel del Saber, y, en la tradición judeocristiana, Ángel de la Anunciación, de la Resurrección, de la Piedad y de la Revelación.

Gobierna el Primer Cielo, el más próximo a nuestro mundo, y en donde supuestamente vivieron Adán y Eva, y como tal fue designado Gobernador del Edén. En calidad de arcángel responsable del Paraíso, rige a todos los ángeles.

En el Antiguo Testamento, el profeta Daniel mantiene numerosos contactos con Gabriel, tanto en visiones como en oración; y en el capítulo 10, versículos 5 y 6 del Libro de Daniel, éste describe a Gabriel como "un hombre vestido de lino, ceñidos los lomos de oro puro. Su cuerpo era como de berilo, su rostro tenía el aspecto del relámpago, sus ojos cual antorchas de fuego, sus brazos y sus piernas como el fulgor del bronce bruñido, y el son de sus palabras como el ruido de una multitud".

También se ha contemplado a Gabriel con 140 pares de alas.

A él se atribuye, por orden de Dios, uno de los milagros más impresionantes del Antiguo Testamento, la separación de las aguas del mar Rojo.

En el islam, Gabriel es el ángel de la Verdad y jamás se le considera femenino. En su libro sagrado, el Corán, dictado por Gabriel a Mahoma el año 610, es este arcángel, y no Miguel, quien ostenta el título de jefe de todos los ángeles.

En su capacidad de ángel supervisor, Gabriel es conocido en los cielos como Regente de los Querubines, y también se le honra como santo. Es el ángel de todas las buenas noticias. Los católicos celebran la fiesta de San Gabriel el 24 de marzo.

Rafael

El tercer arcángel por orden de importancia, Rafael, es el Brillante que Sana. Dios le otorgó el poder de curar y la capacidad de librar a las gentes del peligro. Constituye una figura central en el Libro de Tobías, la obra que más nos informa acerca de este ser celestial propicio, plácido y cordial, conocido como Jefe de los Ángeles de la Guarda. En este relato aparece bajo la apariencia de un hombre llamado Azarías y ayuda de muy diversas maneras a Tobías durante un peligroso viaje. Sólo próximo ya el final, revela que es Rafael. Enseña a Tobías el modo de emplear las entrañas de un pez como medicina, lo protege de asechanzas e incluso actúa como casamentero, encontrándole una esposa bella, virtuosa y rica.

También llamado San Rafael, el nombre de este arcángel significa "Dios ha curado" o "Medicina de Dios" y se le atribuye la curación de las heridas de los mártires y su consuelo durante las pruebas a que se vieron sometidos. Considerando su gran éxito en el cuidado de Tobías, todavía se solicita de Rafael que proteja a los viajeros. También recurren a él los enfermos y los heridos y muchos afirman que visita los hospitales.

En el Antiguo Testamento, Rafael curó el dolor de la circuncisión de Abraham y entregó a Noé el Libro del Ángel Raziel que contenía no sólo información médica sino todo lo que hacía falta saber para construir el arca.

Se dice que es Rafael el Ángel del Sol de los antiguos esenios, que proporcionaba al cuerpo el fuego de la vida. Como Ángel de la Ciencia y del Saber recibió también la misión de guardar en el Edén el Árbol de la Vida.

Oficialmente, Rafael rige el Segundo Cielo y comparte tareas de gobernación con el jefe del orden de las Virtudes angélicas. Los católicos celebran la fiesta de San Rafael el 18 de mayo.

Uriel

Incluido en la más alta categoría de los arcángeles, como uno de los Cuatro Ángeles de la Presencia, Uriel se enfrenta con las almas de los pecadores, censurándoles a menudo sus acciones. Se le conoce como el Ángel del Arrepentimiento, y su nombre significa "Fuego de Dios". Su símbolo cristiano es una mano abierta que sostiene una llama. No es éste un ángel al que te gustaría ver si hubieses hecho algo malo. Afirman que es el arcángel que estuvo a las puertas del Edén, empuñando una espada ígnea y, de acuerdo con su imagen atroz, preside también el terror y el trueno.

Según la tradición cristiana, Uriel posee asimismo un aspecto más amable como Ángel de la Música. En el islam, Israfel es el ser celestial musical, y en el judaísmo es Metatron, que entonó la Canción Celestial del Señor. Uriel es también el Ángel de la Poesía.

Conforme al Antiguo Testamento, Uriel fue enviado por Dios para advertir a Noé del diluvio y, de acuerdo con la tradición hebraica, entregó la misteriosa Cábala a los judíos. Es también el ángel que interpreta las profecías.

Raguel

Raguel significa "Amigo de Dios", y, como tal, este arcángel citado en el Libro de Enoc, lo trasladó a los cielos. Enoc lo describió tomando venganza del mundo de las luminarias, pero eso no significa que sus actividades sean estrictamente punitivas. Juzga a otros ángeles y se dice que cuida también de su buena conducta.

Saraqael

Conocido también como Sariel, el arcángel Saraqael, al igual que Raguel, vigila a sus compañeros celestiales. Enoc escribió que Saraqael es responsable del destino de los ángeles que violan las Leyes. Como Rafael, este arcángel también cura, y muchos creen que enseñó tales artes a Moisés.

Remiel

Este arcángel recibe asimismo los nombres de Ramiel, Jeremiel y Fanuel. Su nombre significa "Dios alza" y "Rostro de Dios". Ambas denominaciones aluden a su tarea fundamental como Ángel de la Esperanza: conduce a las almas al Juicio y cuida de aquellas que aguardan la entrada en el Paraíso. De quienes se hallan camino de los cielos se dicen que se "alzan".

Se le menciona en la Cábala, la obra del saber místico judío que incluye la vía del alma hacia Dios y su relación con los ángeles. Como encargado de las "visiones verdaderas", las interpreta en beneficio de los mortales.

Metatron

En la mística judía, sobre todo en la Cábala, Metatron es el ángel supremo, antepuesto incluso a Miguel. Su nombre significa "El más cercano al Trono", y en el mundo judeocristiano se le conoce como Príncipe del Rostro Divino, Ángel de la Alianza y Rey de los Ángeles, con la pesada responsabilidad del "mantenimiento del mundo". Sus deberes se superponen a los de los arcángeles y otros ángeles. En el *Talmud* constituye el vínculo directo entre Dios y los hombres, y en la Cábala ese poder se refleja en el título de Ángel del Señor que atribuye a Metatron.

De él se dice que tiene treinta y seis alas, en seis grupos de seis, y ojos incontables, que sin duda precisa para su tarea grandiosa y extensa de vigilancia en todo el mundo. En el judaísmo, Metatron es también el Señor de la Canción Celestial. Como ángel más alto, diversamente descrito con una talla entre 2,5 y 4 metros, su figura es imponente, y parte de su misión estriba en mostrarse implacable con aquellos que no lo obedecen.

Enoc, el gran escriba que tanto se refirió a los cielos en su Libro, compilado hace aproximadamente dos mil doscientos años, fue al final trasladado a los cielos con carácter permanente. Allí, por orden de Dios, el arcángel San Miguel lo transformó en Metatron, ungiéndolo con aceite y vistiéndolo después como ángel. Puesto que Enoc había sido exaltado como escritor, Metatron se convirtió en el escriba celestial, que anota todo lo que sucede en los cielos.

Son frecuentes en la ciencia angélica las interpretaciones y los relatos contradictorios. La identidad de Metatron como manifestación celestial de Enoc es generalmente aceptada, aunque en algunos círculos se señala que este gran ángel se halló presente en la Creación, evidentemente mucho tiempo antes de que naciera en la Tierra Enoc.

Metatron tiene un hermano gemelo, Sandalfon, de quien se dice que gobierna el Quinto Cielo.

Raziel

Raziel significa "Secreto de Dios", y a este importante personaje celestial se le llama Ángel de las Regiones Secretas y de los Misterios Supremos. Se le conoce mejor por su Libro del Ángel Raziel, no redactado desde luego por él en el sentido terrenal. No encontrarás este libro en biblioteca o archivo alguno, porque se ignora en dónde transcribió Raziel en lenguaje de los ángeles todo el saber celestial y terrenal.

La leyenda afirma que presentó a Adán este "libro", transmitido luego al ya mencionado escriba Enoc, quien incorporó fragmentos a su propia obra. El texto estuvo luego en poder de Salomón. A partir de entonces nadie sabe en dónde puede hallarse, al menos en la Tierra. Pero una versión oral forma parte de las tradiciones místicas de la Cábala.

En su obra, Raziel descifró mil quinientas claves de los misterios del universo, mas por desgracia las reveló en lenguaje angélico que ni siquiera comprenden algunos de los ángeles más grandes.

Según el *Zohar*, otra obra de la mística judía, Raziel permanece cada día en el monte Horeb y manifiesta allí esos secretos a toda la humanidad.

Raziel asume también deberes oficiales en los cielos, en donde es jefe del orden de los Tronos. Las más de las veces se le describe como un fuego brillante y vivo.

* * *

Anael

En las antiguas enseñanzas esenias, Anael se halla asociado con el Ángel del Aire, que lo insufla en el cuerpo. Gobierna el Tercer Cielo y es uno de los que rigen el orden de los Principados angélicos.

Zebul

Rige por el día el Sexto Cielo.

Sabad

Rige por la noche el Sexto Cielo.

Cassiel

Rige el Séptimo Cielo, en donde mora Dios rodeado de serafines, querubines y tronos.

Lucifer

En un principio el ángel más amado de Dios, Lucifer se rebeló, y con muchos otros rebeldes fue arrojado de los cielos. Se halla en el infierno, en donde se le conoce también como Satanás.

Moroni

Es el ángel de los mormones. En 1823 se apareció a Joseph Smith en la parte septentrional del Estado de Nueva York y le indujo a descubrir y traducir textos que constituirían el *Libro de los Mormones*. Smith fundó luego la secta mormónica, la Iglesia de Jesucristo de los Santos del Último Día.

*

Hasta el siglo IV los ángeles no representaron tema relevante en arte.

Los artistas les atribuyeron alas, asemejando sus órdenes, simplemente, al parecer, para distinguirlos de los seres humanos en dibujos, lienzos y esculturas.

Durante los siglos siguientes, los ángeles y la ciencia angélica gozaron del favor de los círculos culturales y artísticos. Los museos se colmaron de obras de arte religioso, sobre todo de la Edad Media al Renacimiento, que en buen número incoporaron ángeles o les otorgaron especial importancia.

Los ángeles despertaron también un vivo interés en los ambientes religiosos, particularmente en el seno de la Iglesia católica.

Los santos se refirieron frecuentemente a ellos y los mencionaron en sus obras. San Clemente, San Gregorio Magno, Orígenes y otros autores cristianos enseñaron que cada país, cada ciudad, pueblo o aldea y familia tiene un ángel guardián.

*

Se cree que los arcángeles Miguel, Rafael, Gabriel y Uriel, que conjuntamente gobiernan a los ángeles de la guarda, cuidan también de las naciones, los estados y las ciudades. Los ángeles guardianes, tanto de grupos geográficos de personas como de individuos aislados, han recibido asimismo el nombre de Vigilantes.

Se considera que un ángel específico vigila sobre cada hora, cada día y cada noche, cada mes y cada estación del año.

Hay además ángeles para otras áreas concretas: Matriel en la lluvia, Sahaquiel en el firmamento, Shalgiel en la nieve, Ramiel en el trueno, Gabriel en los sueños, Yroul en el miedo, Zadkiel en la memoria, Rampel en los montes, y Achiaih en la paciencia. Santo Tomás enseñó que cada estrella, cada planeta, el sol y cualquier otro cuerpo celeste tiene un ángel para impedir el desorden entre los millones que giran por el espacio.

Tanto judíos como cristianos creían que el objeto más importante de la protección angélica es la raza humana, y que, al nacer, a cada uno de nosotros se atribuye un ángel de la guarda para guiarlo y ayudarlo a lo largo de su existencia terrena.

San Cirilo dijo: "Nada hemos de temer de los poderes de las tinieblas, porque está escrito: el Ángel del Señor acogerá a los que Le temen y los liberará."

Durante el siglo XII, y en España, se empezó a dar el nombre de Cábala a las enseñanzas y experiencias místicas judías, entre las que figuraban muchos conocimientos sobre los ángeles, puesto que la vía hacia Dios supone la asistencia angélica. El filósofo judío Ibn Gabriel las llamó Cábala, término procedente del hebreo, que significa "recibir". También se traduce como "tradición".

Una de las numerosas enseñanzas de la Cábala es la que se refiere a los diez ángeles o atributos divinos del universo: Fundación, Esplendor, Eternidad, Belleza, Poder, Gracia, Conocimiento, Sabiduría, Entendimiento y Corona. Estos diez ángeles se hallan en el camino a través del Árbol de la Vida.

En el siglo XIII, y también en España, Moisés de León, llamó la atención del mundo sobre el *Zohar*. Este largo comentario a la Tora incluye además otras enseñanzas. *Zohar*, que significa "luz", recibe también el nombre de Libro del Esplendor, y tiene aún la consideración de ser una de las más importantes enseñanzas cabalísticas.

Cuando Moisés de León dio a conocer el *Zohar*, afirmó que había sido escrito en el siglo II por el rabino Simeón ben Yohai, a partir de misterios especiales revelados por Dios. Entre esos misterios figuran los *mundos superiores*, regiones espirituales ocultas a los seres humanos, y los *mundos revelados*, como la propia Tierra. El *Zohar* señala que sólo podemos entender nuestro mundo en términos de los otros porque se hallan entretejidos.

*

La filosofía mística hebraica se tornó esotérica en el siglo XVII, y salió a la luz en Europa oriental durante el siglo XVIII con el hasidismo. La diferencia más notable entre este movimiento y los que practicaron la contemplación en siglos anteriores fue la accesibilidad. Los hasidistas pusieron las enseñanzas místicas al alcance de las masas en vez de restringirlas a unos pocos estudiosos escogidos.

En el cristianismo, los ángeles y otras figuras religiosas dejaron de ser motivos populares para los artistas, pero subsistieron en los corazones, las mentes y las enseñanzas del pueblo, aunque la Iglesia hubiera perdido ya influencia en muchos países occidentales.

Los ángeles disfrutaron de una atención máxima en el catolicismo, en donde se aplicó a los arcángeles el apelativo de santos. Se enseñaba a los niños católicos a rezarles, solicitando protección y asistencia divinas.

En el siglo XV, Santa Juana de Arco tuvo visiones de ángeles que le asignaron la misión de liberar a Francia de los ingleses. A finales del siglo XVIII, mientras combatía a los británicos para lograr la independencia de los Estados Unidos, George Washington afirmó que también él había visto un ángel.

Pero en el siglo XX se afirmó el escepticismo. Es probable que a quien no fuera sacerdote, monja, pastor protestante o rabino y afirmase haber visto o sentido la presencia de un ángel se le respondiera con una carcajada en el mejor de los casos, o diciéndole simplemente que estaba loco. Incluso sacerdotes que proclamaron semejante asistencia fueron rechazados por las masas como religiosos fanáticos. Resultaba, sin embargo, irónico que hasta los más escépticos creyeran íntimamente que alguna fuerza invisible, un ángel de la guarda, los libraba de daño y los guiaba a lo largo de la vida.

Pero en los últimos años hemos redescubierto a los ángeles, la ciencia y la presencia angélicas en nuestras vidas. Claro está que eso no significa que los ángeles nos hubiesen abandonado nunca. Estuvieron con *nosotros* siempre; simplemente ahora reconocemos *su* obra o la denominamos con otros nombres, como coincidencia, sincronismo, hallazgo maravilloso, intuición, atisbo o instinto.

En otros tiempos, quienes tenían unas experiencias angélicas eran respetados y reverenciados; se les consideraba hombres o mujeres santos, bendecidos por la divinidad, o al menos afortunados. Ahora, próximo ya el siglo XXI, cuando miramos hacia dentro de nosotros mismos y nos concentramos en la espiritualidad de nuestras vidas y en nuestro universo, comprendemos que *siempre* hemos contado con esa bendición.

Tercera Parte

CONCIENCIA DE LOS ÁNGELES

✳

Pues caminamos en la fe y no en la visión.

SEGUNDA EPÍSTOLA A LOS CORINTIOS, 5, 7

✳

LOS ÁNGELES BUSCAN UNA ENTRADA EN NUESTRA conciencia, se deslizan en nuestros pensamientos o en nuestros sueños. Pero también disponen acontecimientos, proporcionan personas y circunstancias que nos ayuden, e incluso se nos presentan bajo apariencia humana.

Las partes tercera y cuarta de esta obra están colmadas de relatos sobre experiencias angélicas de personas de todos los Estados Unidos. Muchas ilustran las cuestiones angélicas planteadas en esta sección, así que podrás ver cómo opera la asistencia de los ángeles al tiempo que aprendes más acerca de su poder.

Examinaremos las numerosas maneras de comunicarnos con lo divino, y el papel que desempeña la fe en nuestras vidas.

Aunque abundan las pruebas de la asistencia angélica, los seres humanos nos mostramos notoriamente escépticos respecto de lo que no podemos ver con nuestros propios ojos.

—Los ángeles hablan —ha dicho Billy Graham*—. Aparecen y desaparecen. Experimentan un sentido adecua-

---

* William Franklin Graham. Nacido en 1918 y muy popular orador evangélico, ha predicado ante millones de personas y dispone de una gran organización en apoyo de sus cruzadas de conversión. (*N. del T.*)

do de la emoción. Aunque pueden tornarse visibles si lo desean, nuestros ojos no están constituidos para verlos ordinariamente, del mismo modo que no somos capaces de ver las dimensiones de un campo nuclear, la estructura de los átomos o la electricidad que fluye a través de un hilo de cobre.

Billy Graham ha señalado además:

—Nuestra capacidad para advertir la realidad es limitada. El ciervo del bosque supera con creces nuestro sentido del olfato. La lubina posee un sistema de radar extraordinariamente sensible. Algunos animales pueden ver en la oscuridad cosas que escapan a nuestra atención... ¿Por qué, pues, considerar extraño que los hombres no consigan percibir la realidad de la presencia angélica?

Joan Borysenko, una renombrada psicóloga que figura entre los más importantes especialistas de la psiconeuroinmunología, la rama de la medicina que estudia los vínculos entre la mente y el cuerpo, cree que la espiritualidad constituye una clave para la curación; esta científica mantiene una relación personal con lo divino.

—Creo que lo divino ayuda de distintas maneras a diferentes personas —dice—. Creo en el reino angélico; así que cada día invoco a los ángeles.

Sigue la práctica de una antigua plegaria judía, en cuanto que invoca primero al arcángel Miguel, a su derecha. Como es el ángel del amor, solicita su ayuda para ser, según dice, "verdaderamente capaz de ser querida y de querer".

Entonces, a su izquierda, invoca al arcángel Gabriel, que nos ayuda a superar el temor. Enfrente, invoca al arcángel Uriel, el de la mente clara, y tras ella invoca al arcángel Rafael, el que sana.

—Invocar a los ángeles —afirma— es simplemente *reconocer su presencia.*

Tras la invocación a los ángeles, Borysenko imagina la luz divina que llega de arriba, hasta su corazón, y fluye por su cuerpo. Esa luz, señala, recibe el nombre de *shekina* —lo femenino divino en la creación—, y en la mística judía constituye parte de lo divino que vive dentro de cada uno de nosotros. Concluye pidiendo unidad y protección.

Hechos angélicos

- Los ángeles son capaces de hablar. Pueden aparecer y reaparecer. Experimentan intensas emociones.
- Los ángeles pueden tornarse visibles cuando quieren.
- Los ángeles pueden aparecer bajo cualquier forma que nuestra imaginación acepte.
- Si crees, confía en que ángeles poderosos te acompañarán en las experiencias de la vida.
- Los ángeles no son omnipresentes. Sólo pueden hallarse en un lugar en un determinado momento.
- No hay límite al número de ángeles capaces de acudir en tu ayuda.
- Los ángeles pueden aparecer como una blanca luz deslumbrante, casi cegadora.
- Los ángeles no nos gobiernan, ni aprenden lecciones en beneficio nuestro. Poseen la capacidad de inspirarnos y de enviarnos mensajes que nos ayuden en todos los aspectos de la vida.
- Los ángeles se muestran muy creativos en los modos de comunicarse con nosotros, pero hemos de escucharlos.
- Los ángeles poseen un gran sentido del humor.
- Los ángeles nos inspiran a través de sus conocimientos y de ideas súbitas y brillantes.
- Cuando te abras a ellos, los ángeles empezarán a aparecer en cada sector de tu vida.
- Los ángeles son al tiempo alegres, bulliciosos y serios.
- Tu empeño en comunicarte con ellos y abrirte a los ángeles comienza en tu propio corazón.
- Nuestros ángeles de la guarda permanecen con nosotros después de la muerte para guiarnos, repasar las lecciones que hemos aprendido y ayudar a nuestras almas a seguir adelante.

—Lo que me ha ayudado de una manera inmensa —asegura— es el reconocimiento de que el auxilio se halla en torno de nosotros, pero nos torturamos con nuestros propios miedos si no lo solicitamos. Y cuando estamos dispuestos a pedirlo, el auxilio sobreviene.

Nada cuenta cuál sea tu religión, o si no tienes ninguna. No importa tu modo de comunicarte con la divinidad y con los ángeles. Ni qué forma asuma la realidad de la asistencia angélica.

¿Cómo y por qué vienen a nosotros los ángeles?

El Salmo 91 responde sencillamente a esta pregunta a partir del versículo 11:

Que él dará orden sobre ti a sus ángeles
de guardarte en todos tus caminos.

Te llevarán ellos en sus manos,
para que en piedra no tropiece tu pie;
pisarás sobre el león y la víbora,
hollarás sobre el leoncillo y el dragón.

En el nombre de Dios, los ángeles pueden ayudarnos de *cualquier* modo que necesitemos.

Pues él se abraza a mí,
yo he de librarle.

Como dice Dios en el versículo precedente, Él y sus ángeles nos ayudan porque tenemos fe y amor; *creemos.*

Me llamará, y le responderé,
estaré a su lado en la desgracia,
lo libraré y glorificaré.

Dios prosigue aquí su simple explicación. Basta con que solicitemos ayuda y él estará allí. Procede así a menudo con la asistencia de Sus ángeles.

Tanto si llamas Dios a esta fuerza universal como si la denominas Poder Supremo, Destino, o *lo que se te antoje*, resulta difícil ignorar que existe allí *algo* que se halla íntimamente conectado con nosotros y que tal fuerza no está necesariamente "allí", como siempre creímos, sino que esencialmente se encuentra *en* cada uno de nosotros.

A través de la historia hemos visto ejemplos de la variedad de maneras en que ayudan los ángeles a las personas. Una cosa es oír antiguos relatos que, por dramáticos e históricos que sean, pueden a veces dar la falsa impresión de que los ángeles sólo ayudan a los grandes dirigentes religiosos o a famosas figuras históricas. Y otra muy distinta saber de la moderna asistencia angélica, tan espectacular como la histórica, pero que se desarrolla próxima y en beneficio de gente corriente como tú y como yo. Los ángeles, según advertirás, están con *todos* nosotros, *todo* el tiempo.

*

Andrew L. Goldmann, treinta y ocho años y jefe de policía en Missouri, considera a los ángeles sus compañeros mudos (aunque a veces no callen precisamente).

Por ellos sigo vivo —dice tajante—. Me protegen.

Al recordar su carrera profesional, sobre todo en sus primeros años como agente de una fuerza policial urbana en donde habitualmente tenía que enfrentarse con algunos de los individuos más abominables del planeta, afirma que "hubo muchas veces en que no debería haber sobrevivido. ¿Pero a quién atribuimos ese hecho? ¿A la gracia de Dios, a una percepción extrasensorial, al buen conocimiento del ambiente, o una combinación de las tres cosas? El resultado es que muchas veces sientes que algo tenía que ser de una cierta manera para que consiguieses salir bien librado. Cuando reflexiono sobre el pasado, advierto que a veces existió una intervención divina".

Sus amigos y compañeros lo llaman Andy, y este verdadero dogo (1,65 m. de talla y cien kilos de peso) —duro, locuaz e instruido— prescinde de su ego y de su actitud responsable cuando refiere dos casos muy diferentes de asistencia angélica. El primero ilustra su teoría del ángel como compañero del policía, y el segundo revela una cierta dulzura cuando explica cómo le condujeron los ángeles a conocer a su mujer.

*

Cuando era un agente joven que operaba en un sector difícil de las afueras de St. Louis, solía llevar mi coche patrulla por la carretera hasta el aparcamiento de un cine. Desde allí gozaba de una buena perspectiva, podía tener las luces encendidas y observar a los coches que pasaban. Buscaba a los proverbiales "malos tipos".

Una noche vi pasar aquel coche con tres individuos. Algo me dijo que detuviera el vehículo. Así que fui tras ellos, confiando en que el conductor cometiese una infracción de tráfico para darle el alto. Pero no incurrió en ninguna. Intuía, sin embargo, que aquellos hombres no eran trigo limpio. ¡La única anomalía apreciable que me permitía pararlos era que faltaba la luz de la matrícula! Bien, eso es una falta, así que les indiqué que se detuvieran.

El individuo al volante no llevaba permiso de conducir. Los pasajeros carecían de documentos de identidad, pero todos me dieron sus nombres. No se comportaban como si tuviesen algo que ocultar, ni nerviosos ni amenazadores. Persistía, sin embargo, mi presentimiento. Trasmití por radio sus datos, miré el reloj y vi que era la hora del relevo en comisaría. Sabía que el compañero que atendía el ordenador estaría ansioso por volver a su casa. Me pregunté si me daría un informe completo sobre aquellos individuos o si abreviaría su tarea para ir a dormir.

Mientras aguardaba la comprobación, algo me decía que el nombre del conductor era auténtico, pero que los otros dos me habían dado nombres falsos. Por radio supe luego que no había nada contra ninguno, que no eran buscados por la policía.

Mi intuición sigue insistiendo en que he de detener al conductor.

—Tiene que acompañarme —le digo.

—¿Por *qué*? —pregunta.

—Por carecer de luz en la matrícula.

Se queda de una pieza. Apenas puedo creer lo que estoy haciendo; necesito una razón para detenerlo, porque presiento que es un delincuente, y todo lo que he conseguido ha sido esa matrícula sin luz.

Lo esposo, lo llevo a mi coche y llamo por radio para que vengan a remolcar su vehículo.

Ya en comisaría, lo entrego a un auxiliar para que haga la ficha. Todo el mundo piensa que me he vuelto loco. Subo a la sala de comunicaciones y veo que acaba de entrar el turno de noche. Doy los nombres al nuevo operador. *Estaba seguro* de que el otro, impaciente por marcharse, no efectuó una revisión completa. Así que este nuevo operador comprueba de nuevo. Lo observo. Tan pronto como introduce el nombre del conductor, empieza a parpadear la pantalla: buscado por asesinato. Sonrío, doy las gracias, saco copia del informe del ordenador y lo entrego al auxiliar que está fichando al conductor.

—Entérate —digo al auxiliar.

Todos los policías de la sala se han quedado atónitos. Nadie da crédito a lo que ve.

El auxiliar me mira fijamente y declara:

—Andy, jamás se me ocurrirá dudar de nada que me digas.

Me gustaría atribuirme todo el éxito y decir que soy un gran policía con un instinto maravilloso, pero no me parece que el crédito fuese exclusivamente mío. Siempre pensé que conviene ser humilde. En su arrogancia, el hombre cree dominar la Naturaleza, todo. Resulta en verdad sorprendente la audacia del que está seguro de controlar lo que le rodea e incluso de ser dueño de su destino. Dios, o un ser supremo, interviene y no podemos olvidarlo.

Cuando pido ayuda a Dios, a Él corresponde decidir si me la prestará directamente o si enviará a un ángel. Y has de mostrar buen ánimo cuando solicites algo. Pide, diciendo a Dios: "Si es tu voluntad, Dios, lo agradecería. Si no lo es, bueno, también gracias."

Desde luego, y con frecuencia, Dios nos guía y brinda lo que necesitamos antes siquiera de haber tenido *oportunidad* de pedírselo.

*

Creo que los ángeles me condujeron hacia aquella mujer que se convertiría en mi esposa. Y ni siquiera lo buscaba ni lo pedí.

A los diecisiete años terminé la enseñanza secundaria en Maryland y tuve dos empleos antes de ir a la Universidad. Durante el día trabajaba en una fábrica de zapatos y por la noche en un invernadero.

Fue el 21 de junio de 1973, el solsticio de verano, una noche mágica y shakespeariana. Había decidido no salir. Eran las siete y media, tomé una ducha y me acosté.

Percibí una voz en mi oído derecho. No procedía de la habitación sino del interior de mi cabeza.

—Levántate —dijo—. Ve a Bel Air y busca a tío Billy.

Así llamábamos a mi amigo Bill.

Me di la vuelta para dormir, pero la voz insistió.

—Levántate —dijo—. Ve a Bel Air y busca a tío Billy.

Otra vuelta. No quería levantarme. Estaba agotado y sencillamente deseaba dormir. Pero la voz persistió.

—*Levántate* —dijo de nuevo—. ¡*Ve* a Bel Air y *busca* a tío Billy!

—De acuerdo, de acuerdo, de acuerdo —repuse por fin en voz alta.

Me levanté, me vestí e iba ya camino de la puerta cuando mi padre, que sabía que pensaba acostarme temprano, dijo:

—Creí que ya dormías. ¿Adónde vas?

—Ignoro por qué —repliqué—, pero voy a Bel Air a buscar a tío Billy.

Fui al coche y en unos minutos recorrí la distancia que me separaba de Bel Air. Di tres vueltas en torno de la población, buscando a tío Billy. Todo aquello se me antojaba ridículo. Ni siquiera sabía en dónde se encontraba aquella noche. Finalmente, me detuve ante un restaurante de comida rápida y de repente vi pasar a Billy en su coche.

—Sígueme —dijo por la ventanilla.

Fui tras él, dimos la vuelta a la localidad y paramos en un aparcamiento.

—Sube —declaró—. Vamos a una fiesta.

Miré dentro del coche y vi a unos cuantos amigos nuestros y a una chica rubia que conocía de la escuela secundaria, pero con la que nunca había hablado. Fuimos a la fiesta, que se celebraba en el campo, al aire libre. Sue y yo paseamos solos, bajo la luna llena, y charlamos toda la noche. Aquella misma noche nos enamoramos. Tuve entonces la seguridad de que pasaríamos juntos el resto de nuestras vidas.

Mucho más tarde, supe que aquella noche, mientras se arreglaba para la fiesta, ella se dijo:

—Esta noche conoceré al hombre con quien voy a casarme.

Contrajimos matrimonio casi exactamente dos años después, el 19 de junio de 1975.

*

Cuando Andrew L. Goldman obedeció a su "intuición", conoció una de las formas más corrientes de asistencia angélica, la que predomina entre personas que trabajan en situaciones de vida o muerte.

Durante los veinte años en que he recorrido el país enseñando, muchos agentes de policía me confiaron relatos similares a los de Andrew. Aunque las circunstancias difieran, los métodos angélicos son los mismos.

Es interesante advertir, además, que los policías no están solos en la defensa de la seguridad, que cuentan con el apoyo de seres angélicos. Alguien que necesite la ayuda o la protección de los agentes dispone también de ángeles que auxilian a la policía.

*

Casey Brennan, mi antigua ayudante personal, es una joven inteligente que mantiene una relación íntima con sus ángeles. Sus diversas experiencias angélicas revelan, según explica, los aspectos tanto serios como divertidos de la asistencia de los ángeles.

*

Tras mis lecturas sobre los ángeles, decidí probar a hablarles. Jamás me había acercado a ellos de ese modo. Por entonces mantenía yo una relación insatisfactoria, aunque no veía razón para romperla; por alguna curiosa razón, mi infelicidad no parecía contar en esa cuestión. Pedí a mis ángeles que enviasen signos, mostrándome si valía la pena salvar aquella relación o si sencillamente debería abandonarla. Desde luego, los signos llegaron, uno tras otro. Tras haber solicitado la ayuda de los ángeles, hallé pruebas de la infidelidad de mi pareja. Necesité unos pocos signos más para entender el mensaje, pero me siento muy agradecida a los ángeles por responder a mi petición y mostrarse pacientes conmigo.

En otros casos menos serios, recuerdo momentos en que los ángeles respondieron sin demora a mis llamadas. Trataba en una ocasión de hablar por teléfono con una determinada empresa, pero la línea siguió ocupada durante un largo rato. Marqué varias veces hasta que finalmente dije en alta voz:

—¡Ángeles, ángeles, haced que consiga hablar!

Cuando volví a marcar, logré que me respondieran.

A menudo no hay manera de enviar un fax, y entonces comienzo a llamar a mi ángel del fax. ¡Y siempre que recurro a él, la comunicación se establece en el acto!

Tanto como solicitar su asistencia, me ha servido de mucho a veces imaginarme a los ángeles. Una noche tenía una jaqueca terrible que no conseguía aliviar de ningún modo. Así que visualicé a un bello ángel flotando sobre mi cabeza mientras que con sus alas expulsaba el dolor. Le pedí entonces que calmase mi jaqueca. Al cabo de cinco minutos había desaparecido.

Sintiéndome sola y necesitada de compañía, decidí escribir una carta a mi ángel, pidiéndole una pareja perfecta. Relacioné todas las cualidades que requería en un hombre, sin olvidar un solo detalle. Un mes después conocí a aquel a quien me había referido en mi carta. Poseía todas las cualidades maravillosas que mencioné al ángel y me alegra decir que nuestro amor es ahora maravilloso.

Tal vez la experiencia angélica más extraña, aunque anecdótica, sea la que experimenté recientemente cuando volaba hacia Fort Lauderdale, tras haber dejado de residir en la costa del noroeste. En el aeropuerto tenía que recogerme una mujer a quien no conocía. Se me había olvidado solicitar su descripción. ¿Cómo identificarla? Mientras pensaba en eso, sentada en el avión a varios miles de metros en el aire, cruzó a mi lado por el pasillo una azafata. Llevaba un jersey al brazo y buscaba a su propietaria. El jersey llevaba prendido un bello emblema con la figura de un ángel.

En aquel momento supe que la mujer que me esperaba en el aeropuerto luciría una insignia semejante. Estaba segura. Y así la reconocí. Cuando salí del avión y penetré en el terminal, entre tantas personas que aguardaban a otros pasajeros, vi a una mujer de cara simpática y que lucía un prendedor con la figura de un ángel. *Me* esperaba.

*

Cuando Cassey escribió una carta a su ángel para describir a su perfecta pareja y solicitar su aparición, hacía algo que ha demostrado ser muy útil en todo género de situaciones que suscitan una reflexión.

Importa que, al solicitar la asistencia angélica, sepamos muy bien lo que queremos, y uno de los medios mejores consiste en trasladar tus pensamientos a un papel. Escribir una carta a tus ángeles o a los de otra persona puede contribuir a ordenar y seleccionar tus pensamientos, a situarlos en una perspectiva adecuada y a que veas con claridad.

Casey descubrió también que los ángeles siempre nos harán saber cuándo están en torno de nosotros. El emblema que vio en el jersey que portaba aquella azafata fue un signo de que los ángeles habían escuchado su petición. Pueden revelar su presencia de muy diversos modos, proporcionando signos y coincidencias que no tienen por qué referirse a la palabra ángel o a ningún simbolismo angélico, aunque a veces sea así. He advertido que cuando pido que los ángeles hagan conocer su presencia, entonces *realmente* empiezan a suceder cosas.

¿En qué circunstancias debemos llamarlos?

No hay reglas cuando se trata de recibir ayuda del universo.

Tus ángeles de la guarda están siempre contigo, y hay además otros dispuestos a prestar un auxilio adicional. Es posible que intervengan en tu favor tanto si lo pides como sin solicitarlo.

Claro está que, cuando te ves en apuros, pides ayuda.

Puedes recurrir a los ángeles incluso cuando se trate de cosas pequeñas, que parezcan insignificantes a otros.

Lo mismo si se trata de algo serio como si reviste poca importancia, *siempre* estarás en disposición de pedir que te socorran.

*

Emily es una columnista de periódico que vive con su marido y tres hijos en una ciudad del sur de los Estados

Unidos. Tuvo una experiencia extraordinaria que comparte con nosotros al relatarnos lo que sigue.

*

En primer lugar, habéis de comprender que no pretendo que parezca trivial lo que voy a contar. Atribuyo a la intervención divina lo que me sucedió, pero estoy dispuesta a admitir que fue enviado un ángel para atender a mis necesidades inmediatas.

En julio de 1979 pasamos nuestra luna de miel en Jerusalén. Judíos reformistas norteamericanos, estudiábamos el estricto judaísmo ortodoxo en la religiosa vecindad de Mea Sharim y residíamos en el barrio hebreo.

Iba y venía en autobús. Un día, tras terminar las clases, compré algunos comestibles: unas cuantas cebollas, unos pocos tomates, un pollo y algunas otras cosas. Entonces subí al autobús.

Tardé unos veinte minutos en llegar a la parada más próxima a nuestro piso, al final de la ruta, cerca del Muro de las Lamentaciones. Cada día, al bajar del autobús, dejaba atrás el Muro y subía un tramo de escalera hasta llegar al patio de la casa en donde vivíamos.

Pero aquel día, cuando me levantaba para abandonar el autobús, se me cayeron todos los paquetes. La grasa del pollo había empapado la bolsa de papel de estraza, que se rompió. En cualquier otra parada de autobús de cualquier otro lugar del planeta simplemente me habría recogido la falda para llevar los comestibles. Mas estaba junto al Muro. No podía pasar por allí con la falda por encima de las rodillas. Aún no era ortodoxa, pero ya no me faltaba mucho.

Mientras a gatas recobraba mis cosas del suelo del autobús, exclamé, medio en alto, medio para mí, y más como lamento que como oración:

—¡Dios mío, qué falta me haría una bolsa!

En aquel momento miré bajo el asiento de delante para recoger una cebolla que se había caído del regazo y vi una bolsa de plástico con un estampado pardo. Metí todo dentro y me la llevé a casa.

Como es natural, tras aquel milagroso hallazgo —y en Jerusalén— no estaba dispuesta a perder aquella bolsa. Pero cuando uno o dos días después la busqué, había desaparecido.

*

El relato de Emily es un ejemplo clásico del "pedid, y recibiréis". A menudo resulta así de simple. Centenares de veces los ángeles me proporcionaron algo que necesitaba. Si abrimos nuestra conciencia, empezaremos a darnos cuenta de toda la ayuda que nos dispensan.

Quiero contarte lo que me pasó hace algunos años, en una ocasión en que simplemente *pedí.*

Como por entonces estaba sin pareja, se me ocurrió que era el mejor momento para determinar las cualidades de la persona que estaba buscando y solicitar la ayuda de los ángeles. En la lista que hice, describí físicamente mi "tipo" de hombre, basándome en el que aparecía en la portada de un catálogo. En realidad, no esperaba llegar a conocer a aquel hombre, pero me concentré en su figura. Aquel modelo correspondía a la clase de persona que me atraía.

No mucho después acudí a un restaurante. Apenas entré, se me presentó un chico joven y encantador. Nos sentamos, charlamos un rato y me preguntó si podía acompañarme. Me agradó la idea porque me parecía formal. Y acepté. Cuando empezamos a hablar de nuestras ocupaciones, me contó que era un empresario del Medio Oeste. Luego, en la salita de su *suite* del hotel, en donde nos detuvimos brevemente, vi sobre una mesa el mismo catálogo que yo tenía en casa, aquel cuya foto había sugerido mi evocación.

—Ése soy yo —me dijo, señalando al muchacho encantador de la foto que había utilizado para imaginar a mi hombre ideal—. Trabajo como modelo en mis ratos libres.

Me quedé asombrada. No lo había reconocido como el del catálogo. ¡Y no podía creer que había pasado la velada con el hombre que había soñado!

Al cabo de todos estos años, todavía me sorprende que los ángeles hicieran que nos conociésemos.

Es posible, por tanto, que recibas exactamente lo que pediste. Pero nadie te garantiza lo que después pase. Consigues una oportunidad y a ti corresponde saber aprovecharla.

*

August Priest practica en Arizona masajes terapéuticos, y a menudo recurre a la orientación espiritual cuando emplea una de sus numerosas técnicas. Para las curaciones físicas y emocionales utiliza, por lo común, la acupresión y métodos de los nativos norteamericanos; pero, según dice, un día sus ángeles lo indujeron a hacer algo enteramente diferente.

—Una cliente mía —recuerda August— tenía una hija de seis meses, muy unida afectivamente a ella. Se echaba a llorar en cuanto otra persona la tomaba en sus brazos. Su madre me pidió que la tuviera por un instante mientras ella atendía algún quehacer de la casa. No estaba muy seguro de lo que debería hacer.

Para que el bebé no llorase, August impetró una orientación espiritual.

—Y al instante lancé un sonido fuerte, como el resoplido de una ballena o el zumbido con una concha marina. Sentí que aquello era lo que tenía que hacer.

No pudo dar crédito al resultado.

—¡La niña dejó de llorar y empezó a arrullarse!

Jamás había emitido antes semejante sonido, pero más tarde supo que constituía una valiosa técnica curativa.

—Descubrí que esa vibración contribuye especialmente a curar problemas emocionales, que ejerce un efecto muy calmante.

Desde que hace cuatro años trató así a esa niña, August ha empleado esta técnica centenares de veces con sus clientes y advertido que "cada uno reacciona de alguna manera ante las vibraciones".

Afirma que actúa con cada cliente igual que hizo aquella primera vez.

—Simplemente me dejo llevar por la intuición. Mis ángeles me guían.

Como descubrió August, los ángeles sanan a través de nosotros. Actúan a través de nuestras manos, tornando posible la curación de otros y de nosotros mismos. También pueden operar a través de la música y de los aromas para provocar nuestra curación, andando o con respiraciones hondas; literalmente, cualquier medio facilitará nuestra mejoría física, emocional y espiritual.

Amén de una dieta adecuada y de un estilo de vida que contribuya a prevenir mis terribles jaquecas, recurro desde hace muchos años a los ángeles para que alivien mis migrañas. Actuamos unidos. Recuerdo muy claramente el momento en que todo cambió: desde hacía varias semanas experimentaba un intenso dolor y nada de lo que hacía o que los médicos me recetaban conseguía reducir esa horrible migraña. Clamé a los ángeles por ayuda y de repente me serené cuando oí una voz que dijo:

—Nunca volverás a sufrir nada semejante.

Si bien desde entonces he padecido jaquecas periódicas, jamás fueron como ésa: nunca volví a sufrir de tal modo, y los ángeles siguieron curándome.

✳

Darline Beck, una secretaria de Fort Lauderdale ya jubilada, me refirió las experiencias angélicas que había experimentado durante muchos años. Ésta ilustra muy bien el talante de los ángeles, tal como cuenta la propia Darline.

✳

Arline, mi hermana gemela, y yo hemos creído siempre en los ángeles de la guarda. Un día, Arline, que era azafata, buscó vanamente al menos durante media hora el emblema de las alas de su uniforme. Nuestra madre se sumó al empeño, pero sin mejores resultados. ¡El pánico hizo presa en nosotras! Quedaba muy poco tiempo para que tuviera que partir hacia el aeropuerto de Miami, así que me uní a la búsqueda. Tampoco conseguí encontrar el emblema.

—Vamos a pedir a Herbert que nos ayude —dije, refiriéndome a su difunto marido—. Siempre se le dio muy bien localizar tu bolso, tus llaves y tu emblema. Tal vez pueda encontrarlo. ¿En dónde guardas sus cenizas?

Se dirigió hacia el armario en donde las tenía, abrió la puerta y, ¡sorpresa, allí estaba la insignia!

—Pero ya habíamos mirado aquí mamá y yo —aseguró mi hermana, asombrada de su descubrimiento—. ¡Y desde luego no estaba!

¿Permaneció allí todo ese tiempo? ¿Se materializó sencillamente en aquel momento? No lo sabíamos.

—Gracias, Herbert —gritamos todas.

Evocamos la sonrisa de su rostro cuando nos señalaba con un dedo.

¿Era Herbert responsable de aquello, fue cosa de nuestros ángeles de la guarda o había sido obra de todos?

Siempre agradezco todo a mis numerosos guías y ángeles de la guarda, y siempre doy gracias a Dios. Y a medida que me esfuerzo por hablar de los ángeles a otras personas, me maravilla lo que cuentan. La mayoría de la gente ha conocido más experiencias angélicas de lo que imaginamos. Muchos dudan en revelarlas por temor a que les llamen locos. ¿Pero, sabes una cosa? Jamás me dijo nadie que lo fuera.

¿Qué pueden hacer por nosotros?

Aunque te resulte difícil creerlo, son capaces de hacer por ti cualquier cosa que *quieran*. Como mensajeros de Dios, no conocen límites.

¡Y ahora, tras haber dicho esto, tengo que mencionar algunas excepciones a esta regla! Están aquí para ayudarnos y hacer el *bien*. *No* serán tu ejército vengador. *No dañarán* a nadie por el hecho de que tú lo quieras. *No* obligarán a ninguna persona a hacer algo contra su voluntad. Puede que iluminen a alguien con el fin de que cambie de opinión, pero está descartado el empleo de la fuerza.

Son capaces de hacer cosas muy notables. Desplazar un coche para que no te atropelle. Disponer infinidad de coincidencias y de sincronismos para que te halles en el lugar preciso en el momento oportuno y recibas así lo que *necesitas* de cualquier situación o persona determinadas. Llevar a tu vida algo o a alguien que realmente *necesites*, mientras que eso no suponga obrar contra la voluntad de otro o una actuación negativa. Son capaces de obrar milagros.

✳

Leigh, una periodista próxima a los cuarenta años, ha contado siempre mucho con sus intuiciones e instinto, tanto en el terreno profesional como en su vida privada.

Desde la niñez, gozó de un misterioso sexto sentido y sintió que era guiada y auxiliada por sus ángeles de la guarda. Más recientemente, según dice, ha llegado a concebirlo como una asociación y se pregunta si esa idea le ha sobrevenido con la sabiduría de la madurez.

Leigh ha conocido muchas experiencias que cabe interpretar como intervención angélica —espectaculares, prácticas y divertidas— y elegido algunas de las más memorables para narrarlas aquí.

Cuando empezó a compilar esas historias, me llamó, riendo.

—No creerás lo que acabo de ver —declaró riendo—. Bueno, en realidad, probablemente lo *creerás*.

—¿Qué fue? inquirí.

—Regresaba de hacer unos recados, y cuando salía del aparcamiento del banco me crucé con otro coche. En un principio reparé en aquel vehículo quizás por su misma insignificancia. Gris claro, vulgar y quizá con diez años de antigüedad. Lo conducía una mujer mayor, de pelo blanco. Vestía un jersey rosa, lo que me extrañó porque hacía mucho calor. Parecía recién salida de rodar *The Waltons*, y tenía un aire delicado, muy de abuela, como dispuesta a servir té con pastas en una casa rebosante de pañitos de encaje. Pero lo que me sorprendió fue la matrícula. Una auténtica novedad. Sin números, tan sólo letras. ¿Sabes lo que decían?

—No, ¿qué?

—ÁNGEL —respondió sencillamente Leigh—. Supongo que ni siquiera tengo que preguntar si aquello era un signo, ¿verdad? Regresé sonriendo a casa, sintiéndome como si el universo me hubiese hecho un guiño.

El universo tiene una manera muy especial de comportarse, ¿no?

Tal vez aquella matrícula con que se cruzó Leigh fue un reconocimiento de Dios, de los ángeles, un modo de decir *Gracias por compartir tus experiencias con otros.*

Desde hace quince años, Leigh ha publicado regularmente trabajos en los diarios y revistas más prestigiosos del país. Afirma que, cuando realiza sus entrevistas, la conversación toma a menudo un giro filosófico. Le sorprendió agradablemente que la gran mayoría de los centenares de personas que ha entrevistado manifestasen intereses y creencias espirituales.

—Artistas, músicos, bailarines, escritores, quienes crean —dice— *siempre* se refieren con un inmenso respeto a su talento e inspiración. Los consideran un don emanado de algún reino espiritual. La musa del artista es un concepto angélico. Y en ciencias resulta aún más fascinante, porque es preciso abordar la dualidad creencia-prueba. Algunos piensan que las ciencias están introduciéndose subrepticiamente en el terreno antaño reservado a la mística; que la física, por ejemplo, se halla cerca de demostrar, al menos teóricamente, la unidad a la que filósofos y místicos se han referido durante siglos.

Las experiencias angélicas de Leigh aparecen transcritas con sus propias palabras. Abarcan desde su niñez a las más recientes, de lo personal a lo profesional. En cada una advertirás que el universo no sólo te hace un guiño, sino que tiende una mano para ayudarte.

*

Me crié en un hogar de la clase media alta del Nordeste de los Estados Unidos, en el seno de una familia judía conservadora que me dispensó una formación religiosa típica: más cultural que religiosa. Recibimos la educación religiosa habitual en la escuela dominical y en la escuela hebrea (dos veces por semana tras la jornada escolar), y celebrábamos las grandes fiestas. Claro está que, a través de mis amigas de distintas confesiones y en la escuela, en cuyo coro cantábamos villancicos, me hallaba familiarizada con todas las tradiciones cristianas. En nuestras celebraciones entonábamos también cada año canciones de la *hanuca**, por lo común las tan populares del *dreidel*, el trompo con que juegan los chicos en tales fiestas. Así que tuve una educación bastante ecléctica. Y, siendo muy curiosa, siempre quise saber *más* acerca de *todo*, fuera cual fuese el tema.

Creo que fui afortunada por familiarizarme con tantas cosas. Sabía preparar sopa de pollo, pero también adornar un árbol de Navidad. Por esta época íbamos a casa de amigas que nos invitaban a colgar los adornos y las bolas relucientes y a tomar chocolate caliente. Me interesaba mucho la Historia, así que supe de las religiones en un contexto histórico, y no exclusivamente en el aspecto de sus celebraciones. Estaba informada de que el cristianismo no era sólo Santa Claus y los huevos de Pascua. Conocía que el judaísmo representaba algo más que encender velas en la *hanuca* o comer *matzoh*** en la Pascua hebrea. Me fascinaban la filosofía y la mística de las reli-

---

* Fiesta anual (diciembre), establecida el año 165 antes de Cristo por Judas Macabeo para celebrar la purificación del Templo. (*N. del T.*)

** Pan ázimo, característico de la Pascua judía. (*N. del T.*)

giones orientales. A los seis años era ya probablemente un filósofo de salón.

Pero, cuando reflexionaba sobre los ángeles, siempre pensaba en el cristianismo, sobre todo en el catolicismo. Pese a mi educación hebrea, no tenía realmente idea de que los ángeles desempeñasen papel alguno en el judaísmo. Nuestros profesores nunca los mencionaban. Cuando fui mayor comprendí que la parte mística del judaísmo sólo cobra realmente vida en la rama ortodoxa, entre los judíos más observantes, y en los ultraortodoxos, los hasidistas, a quienes puedes reconocer fácilmente por su semejanza con algunos de los personajes de *El violinista sobre el tejado*. El judaísmo conservador y reformista, una versión moderna y aguada del tradicional u ortodoxo, pasa por alto la mística y la espiritualidad. Lástima, pensaba entonces y todavía pienso, porque ése es el aspecto más fascinante de *cualquier* religión. Hasta que no fui adulta no descubrí que los ángeles no eran propiedad exclusiva, por así decirlo, del cristianismo; que, de hecho, los ángeles llegaron a las creencias cristianas desde el judaísmo. Que los ángeles son tan relevantes en el judaísmo como en el cristianismo. Que de allí salieron, del Antiguo Testamento. Los textos hebraicos antiguos y contemporáneos rebosan de referencias a los ángeles. ¡Otros judíos a quienes conocía se sorprendieron tanto como yo al descubrirlo! La parte mística del judaísmo ha sido tradicionalmente silenciada. En los círculos ortodoxos se encarecía que los hombres no estudiasen la Cábala, el cuerpo de los conocimientos místicos hebreos, hasta tener cuarenta años y saber lo suficiente para entenderla. Históricamente, jamás se estimuló a las mujeres a que estudiaran los aspectos místicos del judaísmo.

Con once años tan sólo, decidí por mí misma que no me entusiasmaba la religión organizada, que en vez de eso sólo sería Dios y yo. Una religión simple y personal basada en la fe, no en la cultura o en el ritual. Seguí absorbiendo información como una esponja, pero configuré mi propia identidad espiritual al margen de cualquier religión organizada. Era sencillo. Era puro. Me gustaba la idea, y todavía me siento muy a gusto con mis creencias. De hecho, siempre he pensado que la religión organizada, las instituciones, pueden ser un estorbo en el camino de la fe, complicar demasiado la relación entre el individuo y Dios.

De niña, mi vida estaba colmada de intuiciones, coincidencias, sincronismos y cosas por el estilo. Sabía que para la información era una especie de estación receptora, información que me llegaba de modo espontáneo, sin solicitarla específicamente las más de las veces. Y en términos generales se hallaba fuera del campo de mis cinco sentidos. No tenía que ver, oír, tocar, gustar u oler como prueba de algo. Sobre todo, *conocía* cosas, las sabía instintiva o intuitivamente. Y rara vez me equivocaba al respecto.

Como puedes imaginar, todo eso me venía muy bien para ser periodista: la capacidad de *sentir* la verdad, pese a las contradicciones en torno de mí; la capacidad de *conocer* exactamente a personas y situaciones, la de hallarme en el lugar preciso en el momento oportuno. No hace mucho tiempo reflexioné sobre estas cualidades y empecé a distinguir un esquema.

Sí, nosotros informamos sobre hechos, pero a menudo nos vemos guiados hacia éstos por nuestro *instinto*. Como periodista, opero siempre con una mezcla paradójica de escepticismo y de fe ciega. Soy escéptica ante todo lo que veo y oigo, pero tengo fe en lo que *siento*. Como la mayoría de las personas, siempre concedo crédito a mi muy desarrollada intuición, a mi instinto, a mis reacciones íntimas. *Soy tan lista*, pienso. Había dejado ya bastante atrás los treinta años cuando comprendí lo obvio: que no son cosas a las que debas atribuir un crédito, que constituyen parte de un sistema de orientación proporcionado por el universo. Es el Destino. O Dios. O sus mensajeros, los ángeles. Sea como lo llames, *no* genero la información o las circunstancias. Simplemente la *recibo* de algún sitio.

Al considerar este instinto y tales hechos desde esa perspectiva me asombró cuánta orientación había recibido en toda mi vida. Y cuán bien iban las cosas si la prestaba atención. Y qué mal en caso contrario. Incluso cuando no escuchaba la voz de mi instinto y las cosas se echaban a perder, algo bueno o instructivo saldría eventualmente de todo aquello. Creo que éste es el modo de acabar por volver al camino adecuado. Resulta un poco peor de soportar, pero llegamos a donde se suponía que teníamos que ir.

A veces los mensajes son tan apremiantes que inevitablemente *tenemos* que escucharlos y obedecerlos. Y nos sentimos muy satisfechos después porque vivimos para contarlo.

*

En la primavera de 1974, Anne, mi mejor amiga, y yo nos hallábamos a los dieciocho años a punto de terminar la enseñanza secundaria. En el otoño, junto con algunos otros amigos, ingresaríamos en una gran universidad a unos ochocientos kilómetros de la barriada suburbana en donde vivíamos. Anne decidió que prescindiría de su coche. Como la mayoría de los primeros coches de los jóvenes, el suyo era de segunda mano, tan sobrado de personalidad como de averías. Y supuso además que, viviendo en el recinto universitario, realmente no lo necesitaría.

El día antes de que el nuevo propietario acudiera a recogerlo a casa de Anne, decidimos despedirnos con una última excursión del viejo coche gris de cuatro puertas. Cenaríamos en una barbacoa de otro suburbio situado a unos treinta kilómetros. Sencillamente, no nos apetecía dar la vuelta a la manzana para comer pollo, chuletas y patatas fritas. Preferíamos un verdadero paseo en coche. Nos llevaría por lo menos media hora ir y otra media volver, y además por autopista. Habían abierto nuevas salidas cerca del restaurante y también queríamos comprobar eso.

Anne me recogió a las cinco de la tarde y nada sucedió durante el camino. Recordamos todas las veces que había pasado el coche por el taller. Y al mecánico, a quien Anne consideraba ya como si fuera de la familia.

Después de cenar dimos una vuelta con el coche por la localidad. Anne empezaba a sentirse sentimental.

—Ésta será la última vez que lo saco del aparcamiento de un restaurante —suspiró como si estuviera despidiéndose del gran amor de su vida—. Y también será la última que lo ponga en marcha.

Nos echamos a reír y siguió con las "últimas veces" hasta que empezó a ponerse el sol. Eran casi las ocho de la tarde y aún no había oscurecido del todo cuando empezamos a buscar el nuevo acceso a la autopista. No conseguíamos encontrarlo. Distinguimos la carretera, pero todas las calles que probamos no nos llevaron hasta allí. Tampoco vimos ninguna indicación, así que continuamos dando vueltas, probando en una calle tras otra.

—Allí, a la derecha —dije señalando—. Tal vez sea ésa.

Cuando nos acercamos, vimos que al fin la habíamos encontrado. El acceso se convirtió en paso elevado, y aunque los árboles bloqueaban la visión, comprobamos que llevaba a la autopista.

El cielo, carbón y gris, se teñía de naranja y rosa en el horizonte. Sobre nuestras cabezas se cernían nubes esponjadas. Los coches de la autopista comenzaban a encender los faros. Anne aún no había encendido los del suyo.

Experimenté una sensación de temor cuando ascendíamos por el acceso. ¿En dónde estaban las familiares indicaciones verdiblancas? El coche ganó velocidad para alcanzar los 85 kilómetros a que discurría el tráfico en donde teníamos que introducirnos. Como el acceso era también paso elevado, no podíamos ver lo que había en el tramo descendente que se uniría a la banda derecha de la autopista. Sólo podíamos distinguir lo que había entre nosotras y la cima de la rampa. Anne iba ya a a setenta.

De súbito, vi en mi mente un corte, que la carretera acababa justamente más allá de la cima. Aquel acceso no estaba terminado. *Faltaba* el tramo descendente que nos llevase a la autopista.

—¡Anne! —chillé—. ¡Para el coche! ¡Está cortada! ¡Para!

Anne no distinguía el corte, ni tampoco yo cuando me asomé por la ventanilla. Sólo veíamos el tramo ascendente del acceso. Pero *supe* que allí terminaba. Lo vi con mi mente. Lo *sentí.*

—¡Está cortada! —grité—. ¡Para!

Anne no dijo una palabra. Frenó en seco, y el coche giró al detenerse justo cuando llegamos arriba. Nos habíamos salvado. Salimos del vehículo y fuimos andando hasta el cambio de rasante. No había indicaciones, ni luces ni vallas. Y tampoco carretera. Acababa allí justo como la había visto en mi mente. Al otro lado de la rampa, el acceso sencillamente dejaba de existir. A diez metros al menos por encima de la autopista.

Nos quedamos de una pieza.

—¿Pero cómo pueden haber hecho esto? —dije, enfurecida ante aquella estupidez burocrática de dejar inconcluso un paso elevado sin señal alguna, por donde hubiera caído a plomo cualquiera que como nosotras no supiera nada.

Anne no podía hablar. No se molestó en preguntarme cómo supe que había un corte, justo momentos antes de precipitarnos al vacío. Conocía que aunque no fuese con mis ojos, había conseguido verlo. Sabía de mí lo suficiente, y desde hacía bastante tiempo para haber sido testigo de muchas otras ocasiones en que había dado pruebas de mi intuición.

A la mañana siguiente, mientras Anne cambiaba su coche por un cheque, fui a dar un paseo para mantener una pequeña charla con Dios. Aquel día conocí que el intenso poder intuitivo que había tenido toda mi vida constituía un don. Representaba una asociación espiritual, ahora me daba cuenta. Mi ángel de la guarda me mostró en mi mente aquel corte que nos aguardaba a no más de seis metros de donde Anne consiguió detener el coche. Confié en lo que vi con mi mente, y Anne hizo otro tanto. Sé ahora que en lo que confiamos fue en una guía espiritual que intervino para salvar nuestras vidas.

*

Fui a aquella universidad a ochocientos kilómetros. Dos veces al año volvía con mi familia durante una o dos semanas. En enero de 1980, y luego de trabajar varios años en empleos relacionados con el periodismo, retorné a la universidad para dedicarme sólo a estudiar. Acababa de pasar unas vacaciones con mi familia y en compañía de mi abuelo de ochenta y cinco años, recientemente ingresado en una residencia. Con su corazón y su cáncer no viviría mucho tiempo.

Aquella mañana de enero tenía una clase a las nueve y luego otra a las diez al otro lado del recinto universitario. Cuando salí de la primera, me dirigí a mi coche con la intención de ir a la siguiente. Pero al ponerlo en marcha, sentí que no debía ir a aquella clase. No se trataba del sentimiento habitual de "voy a saltármela" al que sucumben los alumnos. Era una sensación apremiante.

Algo me decía que no debía acudir, pero no tenía otro sitio a donde ir como no fuese mi apartamento.

—De acuerdo —pensé—. Pues volveré a casa.

Simplemente *sabía* que era lo que tenía que hacer, fuera lo que fuese lo que me perdía en clase. Me desembaracé de toda impresión de culpa y me dirigí al apartamento. Entré y, antes incluso de haber dejado la cartera, sonó el teléfono.

—Por eso tenía que volver —pensé—. Para estar aquí cuando llamasen.

Descolgué el teléfono y supe que mi decisión había sido acertada tan pronto como escuché la voz de mi madre. Me dijo que mi abuelo había muerto aquella mañana.

—Haz ahora mismo la maleta —declaró— y vete al aeropuerto. Ya te hemos reservado pasaje.

El funeral se celebraría al día siguiente en una ciudad situada a 2.400 kilómetros de allí. Tenía que tomar el próximo avión.

Una vez más, la vocecita, la sensación que obedecí, me había conducido en la dirección oportuna.

*

Cuando viajamos, el universo y sus ángeles se muestran especialmente sensibles a nuestras necesidades y a nuestra seguridad. No es una coincidencia que tantos relatos de asistencia angélica giren en torno de coches, aviones y trenes. Si fuese hace ciento cincuenta años, sabríamos de llamadas apremiantes cabalgando, y de "aquella vez en que sencillamente *supe* que no debía subir a esa diligencia".

En los viajes somos especialmente vulnerables a toda clase de peligros, accidentes y confusiones. Por no mencionar la logística que supone el desplazamiento. Los ángeles pueden ejecutar aquí sus tareas mejores, más memorables y a menudo más divertidas. Ya sabemos que "ver con su mente" permitió a Leigh conocer que un acceso estaba cortado y, siguiendo su instinto, salvar la vida de su amiga Anne y la suya al impedir que el coche se precipitase al vacío. Veamos ahora el caso de Kate, de treinta y ocho años, que fue testigo del estilo de ayuda angélica al viajero en su aspecto más divertido. Nos refiere con sus propias palabras un curioso episodio que tuvo lugar hace catorce años.

✳

Había ido en avión a Connecticut para asistir a una celebración familiar y llegué con dos pequeñas maletas, rebosantes de jerseys y de toda esa ropa de invierno que ocupa tanto espacio. Iba a estar allí diez días, y después me dirigiría a Filadelfia para pasar tres con unos amigos.

Cada vez que iba a Connecticut, mi tía preferida y yo salíamos siempre de compras, así que cuando terminó mi estancia allí llevaba *cuatro* maletas. Mi amiga Caroline me recogería en el aeropuerto de Filadelfia, pero tendría que esperar más de una hora a que saliera de su trabajo.

—¿Cómo vas a llevar esas cuatro maletas desde la cinta de equipajes hasta donde te recoja ella? —preguntó mi tía.

No pensó para qué estaban los maleteros, pero tampoco a mí se *me* ocurrió entonces.

—No te preocupes —respondí, verdaderamente tranquila—. Me las llevará algún simpático maderero.

Cuando rugieron los motores, el último pasajero llegó corriendo por el pasillo a la búsqueda de su asiento.

El inmediato al mío se hallaba vacío y correspondía al número de fila y a la letra del pasaje de aquel hombre. Lo observé mientras introducía en el cajón superior su bolsa de fin de semana. Representaba unos treinta y tantos años, medía cosa de 1,90 metros de estatura y era corpulento, de pelo rubio pajizo como su barba recortada. Vestía una camisa de franela roja, azul y verde, vaqueros y gruesas botas de faena color camello.

Parecía sacado de uno de esos anuncios en donde aparece un tipo de aire verdaderamente duro.

Cuando se sentó junto a mí, estaba sin aliento.

—No puedo creerlo. Por poco pierdo el avión —dijo.

Su aire cordial y la serenidad de su rostro contrastaban con la rudeza de su aspecto.

—¿Así que va a ver a la familia en Filadelfia?

—No, voy a visitar a unos amigos —repuse.

—Yo, también —dijo—. ¿En qué trabaja?

—Soy escritora. ¿Y usted?

—Maderero —replicó.

Me quedé con la boca abierta. En mi cabeza grité, sin embargo: "¿Con que MADERERO?" ¿Con cuántos madereros te encuentras en un avión? En mi caso, hasta entonces y que supiera, no me había topado con ninguno. ¿Has encontrado alguna vez alguno? No lo creo. Me resultaba imposible creer que hacía menos de quince minutos, bromeando con mi tía, le hubiese dicho que no se preocupase, porque un simpático maderero se encargaría de mis maletas, y ahora estaba sentada junto a uno que, con toda probabilidad, realizaría la tarea.

Si advirtió la sorpresa en mi cara, no lo dio a entender. Durante el resto del vuelo, poco más de media hora, apenas dijo una palabra. Tan sólo leves comentarios aquí y allá. Ambos nos dedicamos a leer revistas. Los pensamientos corrían por mi mente. ¿Qué haría aquel hombre en Connecticut, camino de Filadelfia, cuando su sitio estaba probablemente en el Noroeste, allá por los estados de Washington y Oregón, en donde hay explotaciones madereras? ¿Qué sucedía aquí?

No le mencioné el comentario que había formulado a mi tía, ni que yo tuviese cuatro maletas y sólo dos brazos. Nunca le pedí que me ayudase.

Cuando aterrizamos, y aunque sólo llevaba la bolsa de fin de semana, me acompañó a la recogida de equipajes. Luego aparecieron por la cinta mis cuatro maletas. Dijo que él no aguardaba ninguna.

—¿Puedo ayudarle? —preguntó.

—Sí, gracias —respondí, esperando que cogiese dos y que yo llevaría las restantes.

Tras haberse colgado de un hombro su bolsa, cargó con las cuatro maletas, sujetando una bajo cada brazo y las otras dos con las manos. Yo llevaba mi bolso y juntos nos pusimos en marcha.

—¿En dónde la recogerá su amiga? —inquirió.

Se lo dije, disculpándome porque fuese al otro lado del aeropuerto.

—No importa —manifestó—. No es ningún problema.

Y apenas hablamos ahora tampoco. Anduvimos y anduvimos, y después depositó suavemente mis maletas en el suelo, creo que todas al mismo tiempo, frente a una de esas sillas curvadas de plástico en la zona de espera del aeropuerto.

—Muchas gracias —dije—. No sabe cómo se lo agradezco.

Me incliné para reunir mis maletas. Y pensaba darle la mano, pero cuando me enderecé había desaparecido. Todo sucedió muy deprisa. Miré alrededor y simplemente se había esfumado. Con una estatura como la suya, tendría que haber sido muy fácil localizarlo, puesto que destacaría entre el gentío. Pero no volví a verlo.

Recordé la antigua frase: "Pedid, y recibiréis." Me pareció evidente que había pedido un maderero y que lo había recibido.

*

En el siguiente relato, conocerás a Maggie, una escritora que, como tantas otras, sigue a su instinto, a su guía angélica.

Maggie escribe ahora en revistas nacionales, sobre todo en temas de arte, ciencia e investigación médica. En esta historia nos cuenta cómo le abrieron camino los ángeles cuando hace más de una docena de años empezó a dedicarse enteramente a escribir.

*

A menudo nos preguntamos si los ángeles de la guarda nos acompañan siempre. Eso echa a perder nuestra sensación de intimidad cuando pensamos que su presencia constante significa que están con nosotros en el cuarto de baño. Pero no se trata de que vayan a señalarnos con el dedo y echarse a reír. Se encuentran en el cuarto de baño por un motivo. Lo sé por experiencia.

Cuando tenía veintitantos años, yo trabajaba en una pequeña población en cuya universidad había estudiado. Colaboraba en varios medios de comunicación, pero sabía que, en definitiva, deseaba dedicarme de lleno a escribir.

Acababa de volver a mi ciudad natal para asistir a la boda de mi hermano, y, en el primero de los tres días que pasé allí, mis padres organizaron una cena para más de treinta parientes y amigos. Tras el tercer vaso de té helado, llegó el momento de ir al cuarto de baño. Con tanta gente en la casa, no me sorprendió descubrir que el aseo de invitados de la planta baja estaba ocupado. Como el té helado no admite espera a hombre ni mujer, subí la escalera para ir al baño del dormitorio de mis padres.

Cerré la puerta, me senté y eché una mirada al cesto repleto de revistas. Soy de familia de lectores. Leemos *en cualquier sitio*. Si hubiese páginas impermeables, leeríamos en la ducha. Una de las pequeñas distracciones de mi niñez era husmear lo que otras personas tenían en *sus* mesitas o en *su* revistero cuando íbamos de visita. Así que me sentí muy a gusto teniendo a mis pies toda aquella colección de revistas recientes. La de arriba me llamó la atención inmediatamente. Era local. Como no residía allí desde hacía ocho años, jamás la había visto. Pero había oído que era una de las mejores revistas del país. Magnífico, mis padres no sólo se habían suscrito y tenían allí mismo el último número, sino que en la cesta había un montón de ejemplares atrasados.

Hojeé el último e inmediatamente supe que escribiría allí. Muy dentro de mí supe que *aquello* era lo que me correspondía. Volví a las primeras páginas y miré para ver si conocía a alguien de los que mencionase el cuadro de redacción. En absoluto, a nadie. Bueno, no importaba. Estaba por completo segura de que ése era mi destino.

Abandoné el cuarto de baño tras haber tomado una gran decisión sobre mi vida y mi carrera profesional. Me instalaría de nuevo en donde había nacido. Y escribiría para esa revista. Nada dije a mi familia hasta después de la boda. Tan pronto como entré en mi apartamento, tras el vuelo de regreso tres días más tarde, los llamé.

—He resuelto dejar esto —anuncié—. Aquí he hecho todo lo que podía, ya es hora de lanzarme al agua y dedicarme de lleno a escribir. Y el lugar más lógico para empezar es mi ciudad natal, una gran ciudad que conozco bien y rebosa de oportunidades.

Pensaron que estaba loca.

—¿Pero tienes ya un empleo? —preguntaron mis padres.

—Lo conseguiré en cuanto vuelva —repliqué, explicándoles lo del cuarto de baño, la revista y mi intuición—. Todo se arreglará, ya veréis.

Siguieron pensando que estaba loca.

—¿Es que vas a llegar y decirles: *Eh, aquí tienen a su nueva redactora*? —declararon, seguros de que la respuesta sería negativa.

—Exacto, eso es lo que pretendo hacer —repuse con la clase de confianza que te proporciona la intuición—. Aunque no necesariamente con esas mismas palabras.

—¿Pero no te hará falta algún tipo de presentación para la directora? Supongo que no recibe a todo el mundo. ¿No hay un modo convencional de hacer estas cosas? —inquirió mi madre.

—Oh, pues claro que hay muchas reglas —respondí—. Así que naturalmente pienso prescindir de todas y cada una, porque nadie va a obligarme a obedecer las normas establecidas. Dicen que nunca debes llamar a un director si no lo conoces personalmente. Los directores son personas ocupadas, sin tiempo ni ganas de hablar contigo. Pues llamaré a esa mujer y sé que me recibirá. Le enseñaré mi currículo y un montón de artículos publicados, y le expondré algunas ideas. Estoy convencida de que saldré de allí con un encargo.

—¿Cómo puedes tener esa seguridad? —preguntó mi padre con su escepticismo habitual.

—Lo ignoro. Pero la tengo —respondí, tratando de demostrarle que no era una jovencita descarada sino alguien que consideraba que ése era su sitio y que iba a conseguirlo con gran facilidad—. No puedo explicártelo de otro modo.

—¿En dónde vas a vivir? —indagó mi padre, esperando devolverme a la realidad con aquel detalle.

—Ya he decidido eso —dije—. Viviré con Jenny.

Éramos amigas desde la escuela secundaria. Compartimos en diversos periodos la misma habitación en la universidad, y ella había regresado a la ciudad un año antes. Pensaba vivir con Jenny durante un tiempo antes de instalarme por mi cuenta. Años antes, una vez llamó a mi puerta a las dos de la mañana, harta de la desastrosa compañera de habitación que le había asignado la universidad. Le hice sitio y vivió conmigo el resto del semestre, así que supuse que me devolvería el favor.

—¿Cuándo piensas mudarte? —preguntó mi madre, confiando en que se tratase de un plan a largo plazo.

—Veamos —repuse—. Hoy es martes. Necesitaré algunos días para arreglar las cosas aquí. Pues será el viernes por la noche.

De nuevo juzgaron que estaba loca.

No tenía que inquietarme por el alquiler. Estaba a nombre de mi compañera, quien tenía una amiga que podía ocupar mi sitio. Regalaría o vendería todo lo que no cupiese en mi cochecito —ya era tiempo de desembarazarme de esas cosas que en la época de universidad pasan por mobiliario—, instalaría a mi gato en el asiento delantero y me pondría en marcha. Sería fácil. Todo encajaría. Sencillamente lo *sabía*. El universo me abriría camino. No tenía dudas al respecto y no iban a disuadirme las de nadie.

Es posible que los ángeles hiciesen horas extraordinarias porque todo fue como la seda. Cuando llegué pasada la medianoche del viernes —de acuerdo, no fue cómodo, llovió todo el día, con lo que las ocho horas de viaje se convirtieron en doce, pero no me importó—, supe que había tomado la decisión oportuna, lo único que *podía* haber hecho.

El lunes llamé a la directora y solicité una entrevista. Accedió a recibirme, y cuando se informó de mi historial periodístico, le caí muy bien. Había llevado antes la crítica de televisión en un periódico y le encantaba contar a bordo con alguien más que pudiera cubrir ese campo.

Cuando nos vimos cuatro días después, fue como la reunión de dos antiguas amigas. En el acto me encargó un trabajo. La idea que le expuse era algo que había deseado hacer desde hacía mucho tiempo, pero sin encontrar a alguien con la experiencia precisa para hacerla realidad... hasta que aparecí. Luego resultó que mi hermano había sido condiscípulo suyo en la escuela secundaria, y que las dos habíamos estudiado en la misma universidad, aunque ella seis años antes. Teníamos, además, amistades comunes.

Mi primer trabajo resultó ser un reportaje de portada y me mencionaron para un premio periodístico. No gané, pero eso no importa. Mi directora acabó siendo para mí como de la familia. Me presentó al hombre con quien me casaría. ¡Terminé divorciándome, pero no le guardo rencor por eso! Mi tarea en la revista me llevó a escribir en otras del país y, en definitiva, para algunos de los más importantes semanarios.

En suma, mi irrupción en el cuarto de baño acabó cambiando mi vida, significó mi lanzamiento como periodista y el comienzo de una gran carrera que me abrió puertas profesionales y personales. Así pues, los ángeles te acompañan cuando vas al cuarto de baño. Pero no tiran de la cadena.

*

Recordarás sin duda a Gordon MacRae, el protagonista de clásicas películas musicales de los años cincuenta como *Oklahoma!* y *Carousel*. La que fue su esposa, Sheila MacRae, actuó con él en la escena, el cine y la televisión; pero alcanzó más fama, de 1967 a 1973, interpretando el papel de Alice Kramden, en la televisión la mujer de Jackie Gleason, que era Ralph Kramden, un adusto chófer de autobús, mas en definitiva encantador en la serie de "The Honeymooners", de *The Jackie Gleason Show*. Luego continuó su carrera en Broadway y en giras teatrales.

Sheila MacRae divide ahora su tiempo entre su casa de California y la de Nueva York, y a menudo pronuncia charlas acerca de las experiencias espirituales que conoció en la niñez y en su vida adulta.

A lo largo de los años, Sheila me ha referido muchos casos en que su intuición, la orientación de su ángel, al tiempo le ha encantado y advertido de un peligro. Eligió estos relatos para compartirlos contigo.

En 1946, antes de que empezasen sus éxitos en Hollywood, Sheila y Gordon formaban una pareja de recién casados no muy diferente de la de otras de su época. Gordon estaba en el Cuerpo Aéreo del Ejército (que luego se separaría para constituir las Fuerzas Aéreas) en Texas y se dedicaba a adiestrar pilotos. Sheila se hallaba embarazada, y la pareja aguardaba con ansiedad el nacimiento de su hijo mientras Gordon pasaba muchos días lejos de su mujer y en maniobras aéreas.

Una mañana, a las once, cercano ya el Día de Acción de Gracias, Sheila "se sobresaltó, conociendo que a Gordon le había sucedido algo malo", recuerda. "No podía llamarle por teléfono porque estaba de maniobras todo el día."

El sentimiento que experimentó fue tan fuerte que no podía ignorarlo. No remitía y estaba desolada. Sabía que tenía que hacer *algo*.

—Rece —le sugirió su casera.

Sheila rezó. Empezó a recitar el Salmo 91, bien conocido por su tema de la protección divina y sus referencias a los ángeles:

Que él dará orden sobre ti a sus ángeles
de guardarte en todos tus caminos.

Te llevarán ellos en sus manos
para que en piedra no tropiece tu pie;
pisarás sobre el león y la víbora,
hollarás al leoncillo y al dragón.

Pues él se abraza a mí, yo he de librarlo;
lo exaltaré, pues conoce mi nombre,
me llamará y le responderé;
estaré a su lado en la desgracia,
lo libraré y glorificaré.

Hartura le daré de largos días,
y haré que vea mi salvación.

Sheila recitó todo el salmo y oró por la seguridad de su marido. Ignoraba la naturaleza del peligro que corría, pero sentía muy hondamente en su alma que Gordon estaba en apuros.

Rezó, rezó y rezó.

Al fin, a las seis de la tarde, lo llamó desde la base.

—No vas a creerlo dijo Gordon—. Estábamos en el aire y el copiloto, presa del pánico, se agarrotó a los mandos. ¡Dijeron que teníamos que saltar!

—¿A qué hora fue eso? —preguntó Sheila, aliviada al escuchar la voz de su marido, y en modo alguno sorprendida de que hubiese sucedido algo dramático.

—Hacia las once de la mañana —replicó Gordon.

Once de la mañana, a la misma hora en que Sheila había sentido a Gordon en peligro.

—De repente —prosiguió Gordon— oí una voz que recitaba el Salmo 91. Conseguí apartar de los mandos las manos del copiloto y que el avión aterrizase. Fue una suerte que no saltásemos. Uno de los que se lanzó murió, porque volábamos demasiado bajo.

Gordon había oído la oración de Sheila. No saltó, no fue presa del pánico. Advirtiendo la protección divina, pudo hacerse con los mandos y consiguió aterrizar, salvando unas vidas.

Algún tiempo después la guía espiritual de Sheila contribuyó otra vez a salvar a su marido. Por entonces ella vivía con su bebé en Long Island, Nueva York, mientras Gordon estaba destinado en la base de Pope Field, en Carolina del Norte. Gordon volaba a Nueva York los viernes para pasar el fin de semana con su familia. Pero una semana Sheila sintió que Gordon no debería volar a Roosevelt Field, en Long Island, Nueva York, y que tenía que ser ella la que fuese a Carolina del Norte para estar con su marido el fin de semana.

Su familia trató de disuadirla.

—Es un viaje demasiado largo —protestaron—. Y con el bebé. Quédate aquí. Él vendrá el viernes. ¿Cuál es la diferencia?

Existía una diferencia. Sheila no conocía exactamente en qué *consistía*, mas sabía que no podía permitir que Gordon fuese a Nueva York aquel viernes. Estaba decidida y nadie consiguió que renunciara. No hubo modo de ir en avión, así que tuvo que hacer un largo viaje en tren desde Nueva York a Carolina del Norte. El viernes, poco después de su llegada, Gordon y ella asistían a una fiesta en casa de un coronel cuando, de repente, entró en la sala un oficial.

—Sentí un estremecimiento cuando lo vi —manifiesta Sheila—. Vi cómo se acercaba al coronel y le hablaba en voz baja. Luego el coronel llamó a Gordon.

Tras hablar con su superior, Gordon retornó al lado de Sheila.

—Tengo que dirigirme a Nueva York —le dijo—. Han muerto todos los que iban a Roosevelt Field.

Cuando se disponía a aterrizar con una densa niebla, el avión chocó con un árbol y se estrelló.

Aquel era el avión en el que hubiera tenido que volar Gordon.

*

En 1953, Sheila y Gordon disfrutaban de la fama y de una vida agradable en Hollywood. Con una familia ya crecida (llegaron a tener cuatro hijos), la pareja empezó a pensar en comprar una casa más grande. Una agente inmobiliaria condujo a Sheila a que viese un rancho con piscina, nogales, un granero y cuadras con muchos caballos.

—Me entusiasmó —dice Sheila—. Resultaba perfecta para una familia numerosa. Pero cuando bajé del coche para ir al rancho, creí que estaba a punto de desvanecerme. "No puedo vivir en esta casa", dije a la agente inmobiliaria y al dueño del inmueble.

—Qué tontería —replicó el propietario—. No se siente bien porque está embarazada. Venga y le daré leche y galletas.

Sheila no quería entrar en la casa, pero les siguió adentro. La esposa del propietario no se encontraba bien, estaba acostada, les dijo, así que él prepararía en la cocina la leche y las galletas para Sheila.

—Supe que tenía que salir de allí —dice Sheila—. Pero insistió en que me quedase. Fue por la leche, diciéndome que deseaba mostrarme después los caballos. Unos cuantos quedarían incluidos en la venta.

Sintiéndose mal, Sheila se dirigió a la cocina.

—Vi una mesa para desayunar —cuenta—. Y luego se materializó allí una visión. A través de una neblina grisácea y blanquecina distinguí a una mujer que, sentada ante la mesa, fumaba un cigarrillo. Tan pronto como contemplé aquello, le dije: "¡Tengo que salir de aquí!"

Sheila abandonó la casa inmediatamente. Eran las cinco de la tarde.

En el coche, de regreso a casa, la agente inmobiliaria seguía diciéndole:

—¡Debería haberse quedado y hubiese visto el resto del rancho!

Pero Sheila se sentía aliviada fuera de allí.

Tan pronto como llegó a su casa, se notó mejor.

—No puedo vivir en aquel rancho —declaró a Gordon.

Le explicó la visión que había contemplado junto a la mesa del desayuno.

—Probablemente sólo se trataba de sombras —repuso él.

Pero Sheila sabía que no era eso.

A las nueve de la noche sonó el teléfono.

—Era la agente inmobiliaria —recuerda Sheila—. Me llamaba para decir que había ardido aquella casa hermosa y grande en donde estuvimos por la tarde. La mujer era una alcohólica y su cigarrillo provocó el incendio.

La visión que había tenido Sheila —de una mujer que fumaba un cigarrillo ante la mesa para el desayuno, envuelta en una humeante neblina— y el terrible miedo que le empujó a salir de la casa constituían un mensaje.

—Lo *vi* antes de que sucediera.

*

En 1966, Sheila comenzó a interpretar el papel de Alice en la nueva versión de *Honeymooners* del *The Jackie Gleason Show* que emitiría la CBS hasta 1970.

—Jackie siempre me ponía a prueba —declara— y solíamos discutir acerca de la percepción extrasensorial y de los ángeles de la guarda.

El primer año tras ingresar en el programa (que ya llevaba en antena cuatro) recibió otro mensaje espiritual acerca de un avión, pero esta vez se refería a su querido amigo Frank Sinatra.

—Desperté de un sueño a las cinco de la mañana —dice—. Y todo lo que se me ocurrió pensar fue que Frank no debería tomar ese avión. Yo estaba en Nueva York y eran las dos de la mañana en Palm Springs, en donde se encontraba Frank; pero seguía pensando: "¡Tengo que llamarlo!"

—No vueles hoy —dijo a Frank al teléfono.

—En realidad, Dean y yo iremos hoy en avión a San Diego —repuso Frank, refiriéndose a Dean Martin.

—No lo hagáis —le imploró.

—No seas tonta —replicó, intentando que se tranquilizase—. Es un vuelo muy corto.

Frank tomó aquel avión y ese mismo día llamó a Sheila.

—Hola, señora bruja —dijo bromeando, cuando ella respondió al teléfono—. Estamos bien, pero al avión se le reventó una rueda al aterrizar y nos salimos de la pista.

✶

Gordon MacRae murió en 1986. Aunque Sheila y él llevaban divorciados algún tiempo, siguieron siendo amigos íntimos; el lazo espiritual que les unía era tan fuerte como siempre.

—La noche en que Gordon murió, lloré en sueños —afirma—. Y cuando desperté por la mañana lo vi, en espíritu, tendido en el otro lado de la cama. Vestía su pijama favorito a cuadros verdes. Grité, me levanté de un salto y salí corriendo. No debería haberlo hecho. Cuando volví, había desaparecido.

Como muchas personas que han visto a los espíritus de seres queridos ya fallecidos, Sheila cree que la aparición de Gordon en su cama fue un mensaje divino para que se consolase y mostrarle que se encontraba bien, seguro y protegido en la otra vida.

Sobre la asistencia angélica, de la que en todo momento ha sido tan consciente, Sheila dice:

— No siempre escuchamos. Lo difícil es escuchar.

Pero si *escuchas*, opina, te sorprenderá la información que recibes, y aún más el modo en que puedes desempeñar un papel ayudando a los ángeles a proteger a tus seres queridos.

✶

Cuando Sheila rezó para que no le sucediera nada a Gordon, recitando el Salmo 91, hizo sin saberlo lo que más agrada a los ángeles. Adoran la oración y responden a las plegarias. Me gusta compararlas con un botón de llamada o un *busca* que empleamos para solicitar la asistencia divina.

Los ángeles prefieren la oración colectiva, cuando dos o más personas se reúnen para implorar su asistencia. La Biblia contiene muchas referencias a este fenómeno, a "dos o más" que oran en nombre de Dios.

Los ángeles tienen una larga tradición de aparecer en los sueños. Recordarás cómo se presentaron de ese modo a José para guiarlo con su familia hacia la seguridad tras el nacimiento de Jesús. A veces optan por aparecérsete en sueños, porque así es más fácil recibir sus mensajes. Cuando Sheila despertó, sabiendo que Frank Sinatra no debería viajar aquel día en avión, había experimentado esta forma de comunicación angélica.

Mientras sueñas, los ángeles pueden llevarte a muchas otras dimensiones, a veces incluso a ver a personas ya muertas. Cuando despiertas, puedes pedirles que te ayuden a interpretar los sueños que has tenido, y ellos lo harán.

¿Qué no pueden hacer por nosotros?

Como ya he señalado antes, los ángeles sólo actúan como una fuerza para el *bien*, así que no constituyen ningún ejército vengador. Tampoco harán perfecta tu vida. Ésa es tarea tuya. ¡Te librarán de daños, pero si no escuchas lo que sientes dentro e ignoras sus avisos o sugerencias, es posible que te veas en apuros! No pueden hacer que los escuches. ¡Se esfuerzan mucho, pero, en definitiva, a ti te corresponde esa función!

Cuando realizan su tarea, nos ayudan también en las lecciones que estamos aprendiendo de la vida. Por eso no nos proporcionan una existencia perfecta, encantadora y libre de confusiones. ¡Si procediesen *así*, jamas aprenderíamos nada! Piensa en su labor como en la de una escuela. Carecemos en nuestros cerebros de conocimientos y respuestas impecables. Tenemos que leer, aprender y experimentar. Y con frecuencia somos puestos a prueba para ver cuánto hemos aprendido. Un ángel no arrostrará ese juicio en nuestro lugar, pero nos *instruirá* de un modo muy especial, proporcionándonos más ayuda de la que nunca hubiéramos creído posible.

¿Cómo nos enseñan lecciones?

Nos enseñan acerca de la fe, sobre la confianza en nosotros mismos y acerca de la "vocecita" que cada uno percibe dentro de sí. Nos enseñan sobre el amor; sobre la diferencia entre lo bueno y lo malo; acerca del respeto a la vida en todas sus formas.

¿Y cómo lo consiguen?

Colocándonos en situaciones de las que aprender. Estas lecciones son magníficas, pero a veces resultan dolorosas.

✶

Marie Marshall vive en New Port Richey, en Florida, en la costa del Golfo y no lejos de Tampa. Me escribió, luego de escuchar una de mis conferencias sobre los ángeles, para referirme su increíble historia. En sus propias palabras, he aquí lo que sucedió.

✶

Todo comenzó justo antes de medianoche. Había estado leyendo un libro sobre los ángeles, que recibí de Linda tras asistir a una de sus charlas. Siempre creí en los ángeles de la guarda, pero hasta entonces jamás había tenido la experiencia de un mensaje tan inconfundible y nítido de la acción angélica.

Tras haber perdido casi todo al paso por la Florida meridional del huracán Andrew, mi hijo vivía temporalmente con mi marido y conmigo. Como habíamos guardado sus muebles en el garaje, tuvimos que dejar nuestra furgoneta nueva en el callejón. Justo antes de medianoche, me duché y me acosté. Decidí tomar mi nuevo libro sobre los ángeles y leer. No podía esperar hasta el día siguiente. Aquella misma noche lo había mencionado a mi marido y a mi hijo, y los dos me miraron con una expresión de "dejémosla con sus fantasías", y se dedicaron a sus cosas.

A medianoche, mientras yo leía, mi hijo se había recluido ya en la habitación de invitados y mi marido se duchaba. Absorta en la obra, había llegado a la página veinticinco. ¡Recuerdo que me sentía muy serena y en algún otro lugar distinto de aquel en que estaba físicamente!

De repente se produjo un estruendo terrible, y vibró toda la construcción. ¡Fue como si en una guerra, nuestra casa hubiera sido alcanzada de lleno por una granada! Salté de la cama al instante y me dirigí a la puerta principal, en donde encontré a mi hijo dispuesto ya para salir. Mi marido continuaba en la ducha, por completo ignorante de lo que había pasado.

Juntos, mi hijo y yo recorrimos el jardín delantero. No podíamos dar crédito a lo que veíamos. Aunque no había ningún otro ser humano, el área desde nuestra casa a la esquina, tres edificios más allá, parecía el escenario de una contienda.

Al parecer, y cuando doblaba para entrar en nuestra calle, un coche había perdido el control de la dirección e irrumpido en los jardines de las tres casas a la derecha de la nuestra. En la primera, la de la esquina, se había llevado por delante el buzón, algunos arbustos y un adorno; de la segunda, el buzón, arbustos, plantas y adornos; y de la tercera, la inmediata a la nuestra, había arrancado dos transformadores afirmados al suelo con cemento, un arbolito y un gran trecho de hierba. Las huellas de sus neumáticos cruzaban nuestro callejón y se encaminaban en línea recta hacia la furgoneta nueva.

Había llovido poco antes, lo que nos permitió distinguir con claridad el rastro de barro y fango que dejó tras de sí aquel coche descontrolado. Llegaba directamente al límite de nuestra propiedad, en donde misteriosamente desaparecían de repente las huellas. La linde de cada parcela se halla sólo a unos diez metros de la casa correspondiente. ¡El coche tenía que ir a gran velocidad para llegar tan lejos, sobre todo tras derribar los transformadores!

Para entonces, ya se había reunido con nosotros mi marido. Empezaban a salir los vecinos y recuerdo que todos contemplamos incrédulos cómo se detenían en seco las huellas ante el límite de nuestra propiedad, a poco más de *medio metro* de la puerta del conductor de nuestra furgoneta.

El rastro indicaba que el coche retrocedió entonces y giró a la derecha para volver a la calle. De acuerdo con tales huellas de neumáticos, el coche tendría que haber golpeado el parachoques trasero de nuestro vehículo, pero no fue así. Había algo muy extraño en los últimos dos metros del rastro. Parecía como si el vehículo apenas hubiese tocado el suelo, porque casi no se marcaba considerando el peso de un coche. Era como si alguien lo hubiese alzado o detenido en seco.

Lo único que faltaba en la escena era el coche y su conductor. Permanecí allí, sin dar en absoluto crédito a lo que veía. Me volví hacia mi hijo y mi marido y les dije:

—¿Creéis *ahora* en los ángeles?

Al día siguiente, cuando la compañía eléctrica reemplazó los transformadores, salí con mi cámara y fotografié el rastro, todavía tan visible como la noche anterior. Otra cosa curiosa, las demás casas estuvieron sin energía durante la noche y al día siguiente, pero en la nuestra no se interrumpió el suministro.

Desde aquella noche me he comunicado más activamente con los ángeles. Les pido orientación casi en todo. Es como tener constantemente contigo un amigo muy especial.

He aprendido que hay un ángel para cualquier necesidad. Puedes recurrir a él cuando utilizas las páginas amarillas. Cuando coso, pido un "ángel de la costura" que me ayude. Quiero a mis ángeles y los he visto hacer tareas muy minuciosas.

Hace poco regresó a casa mi marido y me dijo que había pasado un rato difícil ayudando a un vecino. Declaró que recordó entonces lo que yo decía de los ángeles y les pidió ayuda. Con gran sorpresa por su parte, la tarea se resolvió al instante.

Mi hijo solicitó la ayuda angélica cuando proyectaba mudarse de nuestra casa a Georgia. El día de su llegada a ese estado encontró un buen empleo y pudo comprar una casa, aunque carecía del dinero preciso para pagar la entrada. ¿Tengo que decir más? Los dos escépticos se han convertido ahora en creyentes firmes en el "poder de los ángeles" y no se les ocurriría vivir sin ellos.

*

Al paso del huracán Andrew, el hijo de los Marshall y muchas otras personas sufrieron en la Florida meridional experiencias muy diversas, desde pequeños trastornos a la destrucción total de sus propiedades.

*

Me hallaba fuera de la ciudad cuando se abatió el huracán sobre el lugar. Me inquietaba el gran júcaro de mi jardín y recé a los ángeles. Les pedí que guiasen al árbol si caía derribado por el vendaval. Sabía que sólo podía desplomarse en un sitio angosto sin alcanzar mi casa o la del vecino. Imploré que los ángeles orientasen hacia allá al árbol en su caída.

Regresé a casa tras el paso del huracán, y desde luego mi júcaro se había desplomado. Exactamente en donde imploré.

*

El Día del Trabajo* de 1979, Kathy, que entonces tenía treinta y dos años, preparaba unos dulces en compañía de sus tres niños en edad escolar cuando sonó el teléfono.

—Era mi marido, Jason —dice—. Había ido al bosque a cortar leña para nuestra chimenea y se le rompió la cadena de su sierra mecánica. No tenía consigo la de repuesto, así que fue hasta una de las casas del monte y llamó para pedirme que se la llevase.

Kathy subió a su *jeep* con su hijo Alan, entonces de nueve años.

—Las carreteras de montaña de la parte septentrional del estado de Nueva York, en donde vivíamos, son muy tortuosas y peligrosas —afirma—. De repente, al salir de una curva, a menos de ochenta kilómetros por hora, el volante se quedó suelto. Se había roto algo en el mecanismo de la dirección.

Kathy trató en vano de controlar el coche. El vehículo era ingobernable.

—Lo que después recuerdo —prosigue— es que desperté en el hospital. Supe que el *jeep* dio tres vueltas. Alan salió despedido. Yo caí en un campo al otro lado de la carretera. Algunas personas se detuvieron al ver a Alan correr en círculo en mitad del asfalto. Había sufrido una conmoción.

No sabía en dónde estaba su madre, y sólo me encontraron, inconsciente, cuando llegó la ambulancia.

—Desperté en el quirófano de urgencia con una vértebra rota en el cuello, fractura del hombro y unos cuantos dientes frontales rotos —dice—. Alan necesitó algunos puntos, pero por lo demás se encontraba bien.

—Habida cuenta de la gravedad del accidente, a todo el mundo le sorprendió que saliésemos con vida —dice—. Cuando te ves lanzado como nosotros, la muerte parece segura.

* En Estados Unidos y Canadá, el primer lunes de septiembre. (*N. del T.*)

Kathy está convencida de que alguien o algo cuidó de ella aquel día y la protegió.

¿Por qué no murió?

—No era todavía mi hora —considera—. Alguien tenía que criar a los chicos. Mi marido no hubiera podido arreglarse solo.

¿Por qué entonces sufrió el accidente?

—Fue como una llamada para que reaccionase, una patada en el trasero —afirma—. Tras despertar aquel día en el hospital, no volví a ser la que era antes. No mucho después del accidente, hice lo que debiera haber hecho antes. Abandoné un matrimonio que nunca podría funcionar.

Kathy se trasladó al sur y ahora trabaja en la compraventa de fincas. Conoció a un hombre maravilloso, con quien ha vivido los últimos ocho años, y en el verano de 1993 se convirtió en abuela.

Todavía siente la presencia de sus ángeles de la guarda.

*

Kathy es una entre millones de personas que cada día reciben llamadas apremiantes. En los últimos veinte años he escuchado centenares de relatos de protección angélica y experimentado yo misma algunos casos, varios como Kathy al volante de un coche.

Los ángeles guiaron mis manos mientras conducía mi coche, cuando me veía en dificultades, girando el volante a izquierda y a derecha para llevarme sin peligro y en plena noche a donde necesitaba ir. Sentía su calor cuando mis manos descansaban sobre el volante.

Hace diez años, los ángeles mantuvieron mi pie sobre el freno al detenerme ante un semáforo. Traté de pisar el acelerador cuando la luz se tornó verde, pero mi pie se negó a moverse. Ignoraba lo que sucedía. ¿Se había quedado súbitamente paralizada mi pierna? Con el pie oprimiendo firmemente el freno, vi a un coche que hacía caso omiso de su luz roja y cruzaba frente a mí. Si hubiera sido capaz de mover el pie, aquel vehículo me habría encontrado en la intersección y desde luego me habría alcanzado de costado. Después de pasar ante mí, oí decir a la voz: "Ahora puedes seguir." ¡Mi pie abandonó el freno y pude pisar el acelerador!

Los ángeles volvieron a intervenir en otra ocasión. Conducía por una autopista cuando surgió frente a mí un neumático que se desvió misteriosamente quién sabe por qué. Tendría que haber chocado con mi coche, pero desapareció. Los ángeles me protegieron una vez más.

¿Y el libre albedrío?

Todos tenemos libre albedrío. Disponemos de opciones y elegimos. Ciertamente podemos decidir, por ejemplo, *no* pedir ayuda o no aceptarla cuando se nos otorga. Y cabe que ignoremos los mensajes de los ángeles. Disponemos de muchas oportunidades para asumir el control de las cosas.

También tenemos libre albedrío para solicitar ayuda, aceptarla y seguir las intuiciones que son las vías por donde viajan los ángeles con sus mensajes.

*

En 1973, Laura Caster era una estudiante de secundaria con el corazón destrozado.

—Había pasado fuera la mayor parte del verano, en un programa universitario especial para estudiantes adelantados en ciencias, y, cuando volví a casa, mi novio dijo que había encontrado a otra —recuerda—. Era el primer amor, y me había abandonado.

Laura se sintió abrumada.

—Me senté en la cama —dice— y lloré durante toda la noche, pidiendo una y otra vez ayuda para que volviese.

Luego, bañada en lágrimas, oyó una voz cordial y tranquilizadora, masculina, casi paternal.

—Todo irá bien, niña —dijo la voz.

Al oír aquello, Laura se calmó y se durmió.

A la mañana siguiente sonó el teléfono.

—He cometido un terrible error —le dijo su novio—. Esta mañana, al despertar, te eché terriblemente de menos, quiero verte.

Laura no podía creer lo que sucedía. Sus plegarias de adolescente habían sido escuchadas.

—Nos reconciliamos —recuerda—. No duró mucho, pero al menos tuvimos una segunda oportunidad.

Cuando rompieron por segunda vez, fue definitivamente. Laura cree que no lo sintió tanto como en la primera, y ahora le evoca con cariño.

Por entonces Laura tenía dieciséis años y él dieciocho. Cuando cuenta la historia han pasado ya veinte años. Laura fue a la universidad, se casó con un hombre al que conoció allí, tuvo dos hijas, y ahora, divorciada, se gana la vida en la parte septentrional del estado de Nueva York.

¿Qué fue de su primer amor?

—Se casó con la chica a la que había dejado por mí —replica, sin rastro de amargura—. Sé que una intervención espiritual nos otorgó una segunda oportunidad, pero supongo que, después de todo, estaba destinado a ser para ella.

Laura ha sentido siempre a su alrededor la asistencia espiritual y cuenta lo que puede sucederte cuando no atiendes a lo que le dice tu voz interior, la voz angélica.

*

Tras la universidad, y después de casarme, mi marido y yo vivimos en el campo, en una casa situada a corto trecho de la de sus padres. Teníamos, registrada y documentada, una doberman rojinegra a la que llamábamos Spooky (fantasma). Como estábamos en el campo, no la atábamos y vagaba por donde quería.

Un día nuestros tres gatos escaparon por la ventana y subieron al tejado.

—Tenemos que bajarlos —dije a mi marido.

Fuimos andando a casa de sus padres para conseguir una escalera de mano. Spooky nos acogió al otro lado de la puerta. Cuando recogimos la escalera, nos siguió de regreso a nuestra casa.

—Creo que deberíamos dejarla aquí —dije, intuyendo un peligro. No quería que permaneciese suelta mientras nosotros estábamos en el tejado.

—No, que venga —repuso mi marido.

—Pienso que debería quedarse aquí —insistí.

Desdeñó mi aviso con un gesto de la mano, como diciéndome que no pasaría nada, y la perra nos acompañó hasta la casa.

Mientras estábamos en el tejado con los gatos, Spooky fue atropellada por un coche. Jamás me perdonaré haber hecho caso de mi marido. El coche no la mató en el acto, pero quedó tullida para el resto de su vida, que se prolongó sólo seis meses más. No sobrevivió a la lesión de una pata.

*

Como Laura, todos recibimos indicaciones de que deberíamos hacer esto o aquello (¡o de no hacerlo!), y cuando no escuchamos o no podemos atender esta orientación, las consecuencias son lamentables.

Una vez, mientras iba en pos del coche de una amiga, y aunque había oído el mensaje angélico "¡Frena! ¡Vas a sufrir un accidente!", continué a toda velocidad. Debería haberlo escuchado. El coche de mi amiga frenó tan súbitamente y yo iba tan cerca que arremetí contra el vehículo. Si hubiese frenado cuando se me dijo y mantenido una distancia prudencial, habría tenido después tiempo suficiente para evitar la embestida.

¿Cuáles son nuestras responsabilidades?

¿Recuerdas de la niñez cómo nuestros padres nos proporcionaban una casa en donde vivir, prendas que vestir, alimentos que comer? No teníamos la responsabilidad de pagar un alquiler o una hipoteca, ni la de trabajar para adquirir lo que necesitábamos. No teníamos que comprarnos ropa (hasta que fuimos suficientemente mayores para desear elegir cosas con mamá o con papá). Tampoco debíamos cocinar. Bien, entiendes lo que quiero decir. En esta primera etapa de la vida, nuestras responsabilidades eran escasas pero indudables. Éramos responsables de desarrollarnos y de aprender. Teníamos que ir a la escuela y hacer en casa las tareas escolares. A los dos años, asumimos la responsabilidad de ir al cuarto de baño cuando fuese preciso. A los tres, recibimos más responsabilidades: aprender a compartir nuestros juguetes y a guardarlos cuando terminábamos de jugar.

A medida que crecimos, asumimos cada vez más responsabilidades.

¡Y de adultos nos abruman! No se modifican porque seamos más conscientes de la asistencia angélica. Lo que puede cambiar, sin embargo, es nuestra *actitud* acerca de nuestras responsabilidades. Tal vez seamos capaces de preocuparnos menos si comprendemos que, tras haber hecho todo lo posible en una situación, el resto se encuentra en manos del universo. Quizá no nos inquietemos tanto por las cosas grandes y pequeñas si advertimos que *no* estamos solos, que disponemos siempre de ayuda y orientación, que a veces ni siquiera tenemos que pedirlas.

Ron Renneberg afirma que en una ocasión salvó la vida de su hijo porque se quedó en casa cuando había decidido ir a pescar.

—Algo me dijo que no saliese —declara ahora en Florida, casi veinte años después del incidente, cuando vivía con su familia en Connecticut.

Ron, agente de policía como su padre, solía escuchar a su vocecita íntima. Así que cuando le dijo que se quedara en casa aquel domingo, prescindió de la excursión de pesca y se instaló en el sofá con el periódico dominical.

Su mujer cortaba patatas en la cocina al tiempo que hablaba por teléfono, y su hijo de cinco años estaba sentado al lado de su madre, jugando mientras mascaba un pedacito de patata que ella le había dado. Era una tranquila escena doméstica, hasta que la esposa de Ron empezó a gritar frenéticamente.

Ron se precipitó a la cocina y vio que tenía al niño en brazos.

—Ya estaba azul —recuerda Ron—. Se le había atragantado la patata.

Ron se apoderó de su hijo.

—¡Llama al nueve uno uno! —gritó a su mujer.

Marcó ella mientras Ron ponía al niño boca abajo.

—Eso fue antes de la maniobra de Heimlich —dice Ron—. Así que le golpeé en la espalda. Era todo lo que sabíamos hacer entonces. Pero conseguí que echase el pedazo de patata.

El niño fue trasladado a toda prisa a un hospital en donde se recobró rápida y completamente.

—Sé que contamos con un ángel de la guarda —afirma Ron—, porque si hubiera ido a pescar, tal vez mi hijo no estuviese vivo ahora.

Te aconsejo que cuando hagas lo que hizo Ron —renunciar a su excursión de pesca y quedarse en casa— te mantengas siempre firme en tu decisión. No la pongas en tela de juicio, limítate a llevarla a cabo. Aunque no sepas por qué en el momento en que lo haces. Tal como sucedieron las cosas, luego quedó clara la razón de Ron tuviera que quedarse aquel domingo en casa y no ir a pescar.

No sabemos lo que habría sido de su hijo si él no hubiese estado allí. Del mismo modo que ignoramos lo que puede pasar cuando desatendemos nuestra orientación angélica.

¿Cómo saber si un sentimiento es un mensaje de los ángeles?

Caramba, es muy difícil responder a eso. Prefiero decir que simplemente lo *conocemos*. Pregunta a cualquiera que se muestre dispuesto a recibir asistencia (y por eso entiendo a quien sea consciente de sus sentimientos íntimos, de su intuición y su instinto y los siga en la mayor parte de las ocasiones), y te dirá que tan sólo lo *siente*. La mayoría de nosotros no estamos acostumbrados a llamar a esas sensaciones “mensajes de los ángeles”. ¡Pero cuando aprendas a considerarlos de esa manera, serás las más de las veces capaz de establecer la diferencia!

Por lo que se refiere a las coincidencias, pues bien, son muy obvias. Creo que las coincidencias, los sincronismos y los regalos inesperados se hallan orquestados por Dios, el universo, los ángeles. Siempre que sucede algo semejante, sonrío, segura de que están actuando los ángeles.

Con frecuencia es una cuestión de criterio, al que se llega probando y equivocándose a veces. Una vez que tomas conciencia del hecho, puedes reconocer las veces en que se trataba de una asistencia angélica y aquellas en que era simplemente un sentimiento. Lo que puede confundirnos, sin embargo, es que no siempre cabe reconocer de inmediato la asistencia angélica. Pueden pasar minutos, horas, días, semanas, meses e incluso años hasta advertir sus efectos o su pauta. Pero, en la mayoría de las ocasiones, la notamos muy pronto.

*

—Lo *sé*, y luego sucede —dice Bill Lirio, un restaurador neoyorquino de cuarenta y un años—. Sonrío y me siento bien.

Ha sido así desde que es capaz de recordar. Durante 1992, la orientación íntima de Bill le resultó particularmente oportuna en dos ocasiones. La primera vez optó por un vuelo diferente del que había proyectado, y evitó de ese modo hallarse en un avión que se estrelló en Nueva York.

—Sencillamente *supe* que no debía ir en aquel vuelo —afirma con serenidad, consciente de la protección que siempre le rodea—. No podía imaginarme que unos meses más tarde me sucedería algo similar.

Bill y su pareja decidieron pasar cuatro días en Aspen, Colorado. Era en junio, así que su primera estancia en un sitio tan popular estaría consagrada a las excursiones y no al esquí.

Una mañana decidieron que les gustaría aventurarse por las montañas. Tenían dos opciones: subir parte del camino en coche y luego tomar un teleférico hasta una cumbre, o ir en autobús hasta otra cima y descender en bicicleta.

Una intuición le dijo a Bill que eligiera la bicicleta.

—Jamás había estado antes en montañas como aquellas —declara—. Mientras subíamos, el joven instructor que conducía el autobús nos habló de los aludes al referirse a los árboles derribados que veíamos.

—Se producen cada año —dijo—. Pero no se preocupen, nunca tenemos aludes en esta época.

Bill se sintió indudablemente aliviado al saber *aquello*, pero su alivio fue mayor cuando horas más tarde, tras un espléndido descenso en bicicleta, regresaron al hotel hacia las seis de la tarde. Advirtieron entonces que habían elegido bien.

—Supimos —cuenta— que mientras realizábamos la excursión en bicicleta, un extraño alud sorprendió a los turistas cuando salían del teleférico en la *otra* excursión a una montaña distinta. Murieron dos y más de doce sufrieron heridas.

Bill recordó una vez más lo que quince años antes le dijo una mujer dotada de poderes espirituales.

—Me dirigió una mirada y afirmó que tenía cuatro ángeles a cada lado.

*

¡Cuán afortunado es Bill por obedecer la guía divina y dejar que el poder angélico actúe en su favor! Bill tenía ya reservas para aquel vuelo que acabó trágicamente. Pero incluso con los pasajes en la mano *conoció* que tenía que cambiar de avión y lo hizo.

Luego atendió a una intuición semejante cuándo decidió a cuál de las dos excursiones en Aspen iría.

¿Son lo mismo intuición y mensajes angélicos?

Respondo que sí. Y de igual modo creen muchas personas. Incluso quienes estamos dotados de una intuición intensa, a la que denominamos capacidad psíquica, consideramos que constituye un *don*, y que como tal es asistencia angélica.

✳

—Cada uno tenemos nuestro propio cielo —dicen los ángeles a Andrea—. A mi abuela le gustaban las flores, así que su cielo es un jardín maravilloso.

Andrea es una niña de doce años, muy singular, que vive en una ciudad del Oeste medio con su madre, ex azafata de una compañía aérea, y su padre, gerente de ventas al por menor. Es la cuarta de sus hijos, una estudiante brillante con muchos amigos y que habla a los ángeles.

La infancia de Andrea fue serena y llena de cariño, y a lo que parece muy semejante a la de cualquier niña extravertida e indagadora, excepto que de vez en cuando, en algunos pocos momentos místicos, reveló capacidades extraordinarias.

—A los tres años —refiere su madre— comenzó un día a hablar de otra vida que había conocido antes de nacer. Nos pareció un tanto extraño, pero le escuchamos, y a ella se le antojaba muy natural.

No mucho después, su madre advirtió que Andrea desarrollaba extraordinariamente su intuición.

—Sencillamente *sabía* cosas —declara.

Ninguno de esos recuerdos o capacidades desempeñó un papel fundamental en la vida de Andrea, ni tampoco ella o su familia les prestaron demasiada atención o los investigaron. No fue estimulada ni disuadida en esa esfera.

Pero después de lo sucedido en marzo de 1993 resultó imposible considerar a Andrea como una chica más.

—Estaba preparándose para ir a la escuela y me llamó —recuerda su madre.

—Mo Mo quiere saber por qué nunca le cuentas ninguno de tus problemas —dijo Andrea a su madre.

Ésta se quedó atónita. Mo Mo era la abuela de Andrea, recientemente fallecida.

—Preferí no inquietarla —replicó la madre de Andrea—. ¿Qué es lo que entiendes por *Mo Mo quiere saber*?

Lo que Andrea le refirió a su madre fue de verdad sorprendente.

—Estaba aquí, sentada en mi cama, y me encargó que te lo dijese —repuso Andrea simplemente.

—Era verdad que le había ocultado a mi madre pequeñas cosas que en otras ocasiones le hubiese contado —dice la madre de Andrea—. Pero estaba tan enferma. Mucho antes de que muriese habíamos hecho un pacto para que, cualquiera de las dos que falleciese antes, tratara desde el más allá de establecer contacto con la otra. Pero nunca se lo dijimos a nadie. Tras morir, me pregunté si veía signos o sentía su presencia. Me llegaron a través de Andrea, porque supongo que es una de esas personas dotadas de un alma receptiva.

No alarmó a Andrea que el espíritu de su abuela acudiese a visitarla.

—Lo considero muy natural —declara—. No me trastornó en modo alguno.

Lo único que de sus facultades inquieta a Andrea es el temor a que la gente pueda pensar que ella se *cree* especial o mejor que los demás. Y ciertamente, según asegura su madre, no se considera más santa ni presume en absoluto de sus capacidades.

—Ya sabe cómo son los chicos a esta edad —dice la madre de Andrea—. Les preocupa mucho la opinión que de ellos tienen los demás.

Tras la "aparición" de la abuela, se abrieron las compuertas y establecieron contacto con Andrea las almas de otras personas muertas. No las llamó, simplemente se tornó consciente de su presencia, y en su mente pudo comunicarse con ellas, de modo no muy distinto a cuando en silencio cada uno habla consigo mismo, sólo que Andrea recibía respuestas. Muchísimas. Su familia la examinó, y Andrea pasó con brillantez la prueba. Recibía información que no hubiera podido conocer de otra manera.

No mucho después de la primera "visita" de su abuela, Andrea reveló también su capacidad para comunicarse directamente con su ángel de la guarda y con los de aquellos que deseara. La información sobrevino a torrentes, pero los ángeles recordaron específicamente a Andrea que es mucho lo que no podemos conocer mientras aún estemos con vida.

—Podía hacer las preguntas que quisiese, y los ángeles respondían —dice Andrea, de un modo tan despreocupado como si hablase de lo que hizo una tarde en la escuela—. Y a veces ellos también me proporcionaban información que no había solicitado.

Andrea y su familia establecieron así una comunicación particular y exclusiva con los ángeles.

—Al principio no conseguíamos dar crédito a lo que estaba sucediendo —observa la madre de Andrea—. Quiero decir, somos una familia corriente, presbiterianos, pero no religiosos por así decirlo. No vamos a la iglesia, pero creemos en Dios, y educamos a nuestros hijos en esa creencia.

Entre otras cosas, los ángeles hablaron a Andrea del cielo.

—El cielo corresponde a la idea que cada individuo tiene, y permaneces en el primer nivel hasta renacer. Si no renaces, vas al segundo nivel. Ése es el nivel de la eternidad —declara Andrea, revelando lo que los ángeles le dijeron—. Hay espíritus en todas partes, los espíritus de los que murieron. Pero es preciso no confundirlos con los ángeles. Éstos nunca fueron mortales. Nuestros ángeles de la guarda son elegidos especialmente por Dios como protectores y maestros nuestros.

—Los ángeles y los espíritus —dice su madre— se interesan por Andrea. Afirman que fue escogida para transmitir información, para que pueda ayudar a otras personas.

Realiza su tarea muy serena y calladamente. Ésta es la primera vez que Andrea y su madre han manifestado públicamente el don de la chica. Y pidieron que sólo se emplease su nombre, sin mencionar el apellido.

—No queremos explotarla —dice la madre—. Y desde luego Andrea también desea ejercer ese don con gran dignidad.

¿Qué es lo más importante de lo que aprendió de los ángeles?

—Que tenemos que abrirnos a ellos, pues de otro modo realmente no podrán ayudarnos —afirma Andrea—. Ignorar o bloquear nuestros sentimientos íntimos o nuestros mejores instintos es exactamente lo mismo que mantener alejados a los ángeles, porque pensamientos y sentimientos son los mensajes que de ellos nos llegan.

*

Los ángeles se complacen en presentarnos información. Como advertimos en el relato de Andrea, nos proporcionarán lo que necesitemos conocer sobre el pasado, el presente e incluso el futuro. Y también gustan de actuar como intermediarios, poniéndonos en contacto con personas, con otros ángeles y con espíritus.

El don del discernimiento

Naces con ese don, o lo consigues con tu esfuerzo. Si lo desarrollas, serás con el tiempo capaz de discernir, de *conocer*, la diferencia entre ilusión o imaginación, e intuición y asistencia angélica.

—Confía en tu discernimiento, si te acompaña, *sabrás*. Poseerás la verdad. Claro está que nadie acierta constantemente en un 100 por 100. ¡Siempre habrá extrañas revueltas en el camino! Es como subir a una montaña rusa. ¡A veces, Dios quiere sorprendernos!

Cuando no estoy segura de si lo que siento es asistencia angélica o un mensaje de los ángeles, pregunto en realidad: "¿Quién es?"

Intuición

La intuición es la fuerza divina interior que procede de la fuerza de Dios a través de un ángel, de un espíritu, de un santo, o que te llega directamente.

Sincronismo

La actuación de los ángeles, orquestando nuestras vidas; así es cómo considero yo la coincidencia o su variedad más intensa, el sincronismo.

Lecciones

Debemos dar gracias a Dios por nuestros problemas, pues así nos mostrará Él lo que hemos de aprender. ¡Entonces podremos superarlos, aprender y seguir adelante!

Meditación y escucha

Estos son procesos docentes trascendentales, intuitivos y directos. Aclaramos nuestras mentes, las abrimos y entonces *escuchamos* lo que nos llega.

¿Es preciso profesar o practicar una religión establecida para creer en los ángeles o recibir su ayuda?

No, *no* hace falta estar afiliado a una religión organizada (o desorganizada) para creer en la asistencia divina y recibir sus beneficios.

En la danza con el universo, lo divino, participan personas de todas las culturas. Los indios norteamericanos poseen una fe que se concentra en la Naturaleza, los cristianos creen que Jesús es el Mesías, los judíos creen en el mismo principio del Dios uno, pero siguen aguardando a un Mesías, los fieles de las religiones orientales poseen sus propias creencias singulares, la lista no acaba ahí. Pero a toda religión o fe es común un cierto tipo de orientación y de protección divinas.

Puedes sentirte además ligado a lo divino *sin* practicar el cristianismo, el judaísmo, el budismo ni ninguna otra religión. Puedes creer en una fuerza a la que llames Dios o en un cierto poder universal que tenga un nombre o varios, o que carezca de toda denominación.

Puedes concebir todo esto como un gigantesco signo de interrogación, y no estar seguro de si crees en una fuerza llamada Dios.

Todo lo que necesitas es *fe*, cualquier tipo de fe, sintonizada con la divinidad. Fe en la madre Naturaleza, fe en ti mismo, fe en las obras del universo. Quizá eres incluso un tanto impermeable en la cuestión de la fe y no estás seguro de tener alguna. No te preocupes. Aún cuentas con la intuición para que te guíe, tanto si la llamas asistencia angélica como si no la mencionas con ese nombre. Todavía dispones de muchas coincidencias que te ayuden, tanto si crees que están orquestadas por lo divino como si no es ése el caso. La danza prosigue, sean cuales fueren tus perspectivas.

¿Cómo difiere la fe de las prácticas, tradiciones y doctrinas religiosas y culturales?

El *Merriam-Webster Dictionary* define la fe como creencia y seguridad en Dios, como confianza y lealtad. La palabra es también empleada indistintamente para referirse al término religión, como cuando se dice "es de fe hindú". Pero fe y religión son dos cosas muy distintas. Fe es la *creencia*, la *confianza*. Religión es la *práctica* específica que suscribes o sigues. El diccionario la denomina *sistema* organizado de fe y adoración.

Tienes fe. Participas o crees en un cierto sistema religioso, como el cristianismo, el judaísmo o el islam (o cualquiera de muchos otros). O quizá posees fe pero no observas en modo alguno una determinada religión.

Cuarta Parte

COMUNICACIÓN CON LOS ÁNGELES

✳

Dios no es un recadero cósmico de quien obtener cosas apretando un botón.

HARRY EMERSON FOSDICK, *Oración*

✳

¿CÓMO COMUNICARTE CON LOS ÁNGELES? Fácil y naturalmente mientras duermes y cuando estás despierto. Cuanto te lo propongas y cuando no pienses en eso de ningún modo.

¡Pero, como verás en las narraciones de experiencias angélicas que siguen a continuación, los ángeles orquestan los acontecimientos en beneficio de nuestros objetivos más excelsos y, aunque podamos llamarlos en cualquier situación, tal vez nos sorprenda su respuesta!

En la Tercera Parte vimos que la conciencia de los ángeles es el primer paso en el reconocimiento de la asistencia divina. Ahora, en la Cuarta, advertiremos que esta conciencia constituye la clave de la comunicación angélica.

¿Cómo solicitar la ayuda angélica?

¿Qué te parece "*¡Socorro!*? Suele dar resultado.

Es posible que sea una petición superficial o que la formules com ahínco. Que la hagas en voz alta. O que la grites desde un tejado.

Tal vez sea un comentario extemporáneo o una solicitud directa. Los ángeles escucharán todas.

La clave estriba en tu disposición a su ayuda. En la importancia de aprender a reconocer sus respuestas, que la mayoría de las veces adoptan la forma de una asistencia o de unos sentimientos íntimos.

No tienes que realizar ceremonia alguna ni emplear ningún gesto formal, aunque puedes hacerlo si lo quieres. Si no estás acostumbrado a obedecer a tu instinto, tal vez te sirva de ayuda alguna de las orientaciones que ahora te brindo. Contribuirán a incrementar tu conciencia.

Comunicación es conciencia

1. Has de ser consciente de que en cualquier momento tienes acceso a tus ángeles y a todos en general.
2. Has de ser consciente de que puedes hablarles en voz alta o mentalmente. Te escucharán de cualquier manera.
3. Has de ser consciente de que las peticiones tienen que ser concretas. En ocasiones, los ángeles toman las cosas muy al pie de la letra. Háblales con claridad. Eso contribuirá, además, a que veas mejor las cosas.
4. Has de ser consciente de que siempre debes agradecer a los ángeles su ayuda eterna y continua. ¡Al fin y al cabo, lo exige la cortesía!
5. Has de ser consciente de tus reacciones; eso significa pensar positivamente y tener fe en que los ángeles te ayudarán.
6. Has de ser consciente de tu estado mental y tener sentido del humor. Como ciertamente lo poseen los ángeles. Sirve de ayuda, aunque quizá cueste en tiempos trágicos hallar algo de que reír.
7. Has de ser consciente de tus sentimientos íntimos, de tus instintos y de tu intuición. ¡Son los ángeles que te hablan!

8. Has de ser consciente de coincidencias, de sincronismos, de regalos inesperados y de la ironía: ¡También eso te llega por los ángeles!
9. Has de ser consciente de tu franqueza. Ábrete intelectual, emocional y espiritualmente a la vocecita que te dice cosas, a tus instintos, al sistema interno de guía que representan los ángeles. No podrán ayudarte si te encierras en ti mismo.
10. Has de ser consciente de los mensajes. ¡Escucha, advierte, aprende! Comenzarás a ver pautas y orientaciones para tu vida. Ganarás confianza en ti mismo y por eso en tu guía angélica.

Comunicación natural

Todo lo que tienes que hacer es pensar en los ángeles. Siempre observan y escuchan. Ábreles tu mente. Tórnate consciente de tus instintos, de tu intuición y de tus sentimientos íntimos. ¡Son los ángeles que te hablan!

Hay dos fases en la comunicación angélica: activa y pasiva.

En la fase activa pedimos y oramos.

En la fase pasiva nos relajamos y permitimos que actúen a través de nosotros, recibimos y absorbemos su energía.

Si aguardas visiones y luces, olvídalo. ¡Probablemente, en el 90 por 100 de las veces, los ángeles no *aparecen* con o sin relumbrón! Se limitan a hacer que funcionen las cosas, a sincronizar acontecimientos, a llevar personas a tu vida, a protegerte y a abordar temores y problemas, así como situaciones concretas.

Diariamente, y tanto si lo advierte como si no es así, a todo el mundo sucede una cosa (¡y tal vez veinte!) que es obra de los ángeles. Resulta fácil tomar conciencia. Deténte ahora y piensa en lo que te pasó hoy. ¿Ves? Quizá tengas ya una larga lista de tales intervenciones. Toma conciencia de eso a partir de ahora. Es en realidad *muy fácil*.

El contacto con los ángeles

A veces experimentamos la necesidad de destinar unos momentos a llamar a los ángeles y charlar con ellos. Tal vez desees seguir este procedimiento:

1. P*onte físicamente cómodo*. Viste prendas holgadas, quítate los zapatos. Siéntate o échate en un sitio agradable.
2. *Elimina todas las distracciones*: ruidos, personas, animales, teléfono, televisión.
3. *Elige tus sonidos*: una música tranquila, campanillas que agite el viento o silencio.
4. *Respiración*: unas cuantas inspiraciones profundas para relajarte. Respira lentamente. Inhala sentimientos positivos y luz, exhala los negativos.
5. *Busca primero a Dios*: alábalo y dale las gracias por todas las cosas.
6. *Ilumínate*: no tienes por qué mostrarte solemne, sino simplemente sereno.
7. *Repasa tu lista de cosas para las que necesitas ayuda*: asigna un ángel a cada una y manifiesta por adelantado tu gratitud.
8. *Crea un altar angélico*: coloca en un espacio especial, sobre una mesa, en el rincón de una estancia, cosas que te recuerden a los ángeles, ornamentos, emblemas, imágenes angélicas y otros accesorios. Puedes añadir también incienso.

Lo que no debes hacer

Ten siempre presentes estos puntos cuando piensen en los ángeles:

1. No quieren que creas que ellos harán todo el trabajo *por* ti. Se trata de una asociación. Harán mucho, pero tú también tendrás que desempeñar un papel. ¡Con su orientación, conocerás instintivamente en qué *consiste*!
2. No muestres una actitud negativa ni te concentres en la codicia, la rabia o el odio.
3. No implores venganza.
4. No adores a los ángeles. No son Dios. ¡No quieren ser adorados, sino simplemente apreciados!
5. No necesitas pedirles que estén contigo. Ya están a tu lado.

No siempre conseguimos lo que queremos

Aunque sea difícil reconocerlo, la verdad es que no conseguimos las cosas hasta hallarnos dispuestos. Tenemos que aprender y desarrollarnos. Puede que nos *sintamos* preparados *ya* para esa relación, ese ascenso o lo que fuere, pero tenemos que recordar que existen razones en todo. Tal vez hayamos de aprender más lecciones, conseguir más experiencia *antes* de estar realmente preparados para lo que deseamos.

Paciencia, paciencia, paciencia.

Hay, sin embargo, algunas cosas que jamás llegarán exactamente del modo que deseamos. Recuerda el proverbio: "Cuando Dios cierra una puerta, abre otra." Si rememoras acontecimientos de tu vida, verás cuán cierto es, aunque no te guste reconocerlo.

Puede que, en definitiva, lo que *queramos* no sea lo que nos conviene o lo que el universo en su infinita sabiduría considere que debemos poseer.

También hemos de recordar que tenemos un papel que desempeñar si pretendemos que nuestros sueños se hagan realidad.

Y debemos tener fe.

¡Ah, y no olvides cuántas cosas verdaderamente maravillosas nos sucedieron que resultaron ser *mejores* que las que en un principio deseábamos!

Recuerdo al respecto una antigua expresión yiddish que, traducida, viene a decir lo siguiente: "El hombre forja planes y Dios ríe."

Ignorar la asistencia angélica

Los ángeles aportan muchísimas alegrías y energías a nuestras vidas. Pero a veces nos negamos de tal modo a confiar en los instintos que podemos acabar por echarlo todo a perder. ¿No es cierto?

Partiendo del supuesto de que nuestros instintos *son* mensajes de la divinidad, podemos serenarnos y atenderlos. Claro está que no siempre resulta fácil, porque llegamos incluso a ponerlos en tela de juicio. Tomar decisiones es una materia compleja.

Shakespeare creía que "tu propio yo es sincero", y a menudo oímos algo semejante a nuestras propias madres. "Sé tu mismo", nos han dicho muchas veces.

¿Pero qué sucede cuando no confiamos en esa vocecita íntima o la desoímos?

Pues que acabamos en un atolladero.

Cuando aguzamos la conciencia, advertimos siempre los resultados de nuestras acciones y, si nos fijamos, reconoceremos que la mejor vía que cabe tomar es seguir nuestros instintos mientras que sean saludables e inocuos.

Lo comprobarás asimismo una y otra vez en estos relatos de experiencias angélicas.

Mi lista de ángeles

Asigno un ángel a cada una de las actividades de mi vida. ¡Quizá te rías cuando leas mi lista, pero me sirve de mucho! Haz una relación de todo lo que *te* gustaría que hiciesen los ángeles en *tu* ayuda. Yo actualizo constantemente la lista, y te descubrirás haciendo otro tanto.

1. *Ángel de la dieta*: Hace que sólo coma lo que me conviene.
2. *Ángel del ejercicio*: Me estimula cuando necesito un entrenador personal angélico.
3. *Ángel de la jaqueca*: Lleva conmigo años y para mí es probablemente uno de los más importantes.
4. *Ángel financiero*: Me ayuda a mantener en orden mi economía ¡Aunque sea yo quien tiene que equilibrar la cuenta corriente!
5. *Ángel de las oportunidades profesionales*: Observa y escucha en mi beneficio, como un agente angélico.
6. *Ángel de la risa y de la alegría*: ¡Se asegura de que tenga suficiente de ambas!
7. *Ángel de la seguridad y de la protección*: Me mantiene ilesa y libre de peligros.
8. *Ángel de la felicidad*: Todos lo necesitamos.
9. *Ángel de la televisión*: Me busca oportunidades en este medio de comunicación.
10. *Ángel de la radio*: Me ayuda cuando tengo que preparar mis programas.

11. *Ángel del libro*: Supervisa mi trabajo cuando escribo uno.
12. *Ángel de la ciudad*: Actúa como un agente de viajes y arregla las cosas cuando he de viajar de una ciudad a otra.
13. *Ángel de las faenas domésticas*: Me ayuda a realizarlas.
14. *Ángel de la curación*: Se ocupa de mi salud física, emocional, mental y espiritual.
15. *Ángel médico*: Me ayuda a relacionarme con médicos y otros profesionales sanitarios.
16. *Ángel del masaje*: ¡Indica al masajista terapéutico cómo eliminar contracturas de mis hombros, mi cuello y mi espalda!
17. *Ángel romántico y del amor*: Me ayuda a mantener viva la llama del amor romántico.
18. *Ángel de la memoria, la expresión y los conceptos*: Si tengo en mi cabeza algo que necesito comunicar, él se encarga de eso.
19. *Ángel de los viajes*: Me ayuda en todos los aspectos de mis desplazamientos.
20. *Ángel de la armonía, del equilibrio, de la comprensión y de la paz*: Me mantiene sana y feliz.
21. *Ángel de gran energía*: Me proporciona empuje.
22. *Ángel de las preocupaciones*: Se encarga de extinguirlas.
23. *Ángel de la ansiedad*: Barre todos esos pensamientos que te acometen por la noche, ¡o por el día!
24. *Ángel para eliminar temores*: Me ayuda a ser valiente.
25. *Ángel de la experiencia espiritual*: Mantiene viva mi conciencia espiritual.

Sufrí recientemente una pequeña intervención quirúrgica en un pie, así que asigné un ángel específico a su curación. Cuando trato de cuestiones de seguros, encargo a uno que despeje las gestiones. Y si me dedico a una tarea especial, pediré a un ángel que se sume a mis esfuerzos. ¡Puedes asignar un ángel a *cualquier cosa* de tu vida!

Plegarias a los ángeles

Ruego que la voluntad de Dios y la mía sean una.
Si lo que pido no es para mi bien supremo,
barred esos deseos y dadme lo que sea mejor para mí.

Permitid que aprenda todo lo que
necesito aprender para seguir adelante.

Queridos ángeles, os imploro conciencia de vuestra
presencia y os agradezco que estéis aquí.
Ayudadme a acoger vuestras energías.

Queridos ángeles, no cejéis en vuestro amor
e iluminad mi vida
para superar todas las situaciones.

Queridos ángeles, mantenedme cerca de vosotros,
y conscientes de vuestra presencia.

Plegarias al ángel de la guarda

Ángel de Dios, mi Guarda querido,
A quien Su amor trae hacia mi,
Sigue a mi lado todo el día,
Para iluminarme y guardarme, regirme y guiarme.

*

Y al final del día, esta oración:

Buenas noches, mi Ángel de la Guarda,
Qué pronto pasó el día;
Bien o mal aprovechado, su historia
Ya está escrita para siempre.
Y ahora, cordial Providencia divina,
Tu imagen pura y brillante,
Cuida de mí mientras duermo.
¡Buenas noches, mi Ángel querido!

Poema del ángel de la guarda de los niños

Cuatro ángeles en torno de mi cama,
Cuatro ángeles en torno de mi cabeza.
Uno para vigilar, otro para rezar,
Y dos para llevarse mi alma.

SIGLO XIX

✳

Hace nueve años sucedió algo extraordinario a Vanessa Bock, a punto de cumplir treinta años y madre de una niña de cinco años y de un niño de cuatro, cuando conducía su coche hacia la iglesia.

—Las carreteras estaban heladas y había nevado por la mañana —recuerda—. Así que una capa de nieve reciente cubría el hielo. Pero brillaba espléndido el sol.

Temerosa de que patinara el coche o de que se atascase en la nieve apilada, conducía con lentitud, preocupada también de no llegar a tiempo a la iglesia metodista de St. Peters, en Missouri.

—Dios, tienes que enviarme un ángel —dijo en voz alta, impetrando su ayuda pero sin esperar en modo alguno lo que sucedería después.

—El coche empezó a girar sobre el hielo y acabó atascado en la nieve acumulada en un jardín —declara

Vanessa—. Nos quedamos allí inmóviles por un momento, nada nos había pasado, pero no sabía cómo podría sacar de allí el vehículo. Entonces, no sé de dónde, surgió un coche. Ni lo vi ni lo oí llegar.

Un joven de aspecto rudo y rostro simpático salió de aquel vehículo grande, oscuro y de un modelo antiguo y golpeó en su ventanilla.

—Le ayudaré a sacar el coche de aquí —le dijo muy amablemente.

Tan sólo con una camiseta y una chaqueta de béisbol, no estaba adecuadamente protegido del frío de aquella tarde. Vanessa pensaba ayudarle a empujar el coche pero le hizo seña de que no la necesitaba. Él sólo empujó el coche fuera de la nieve amontonada y lo llevó hasta la calzada.

—Gracias —dijo ella, asomando la cabeza por la ventanilla.

—Luego miré por el retrovisor —refiere— y simplemente había desaparecido. Así de sencillo. También se había esfumado su coche. Sucedió en décimas de segundo. Jamás oí el ruido del motor al ponerse en marcha ni pude imaginar que hubiera podido meterse en el vehículo y salir de allí con tanta celeridad. ¡Era sencillamente imposible, pero había desaparecido!

Vanessa y sus chicos regresaron sanos y salvos a casa, pero durante largo tiempo ella no reveló a su marido aquella experiencia.

—Porque pensé que no me creería. Pero me creyó.

Vanessa, su marido y sus hijos viven ahora en St. Charles, Missouri, en donde ella trabaja como secretaria. Hace muy poco su hija, ya adolescente, le preguntó si creía en los ángeles.

—Le conté la historia del hombre que apareció en la nieve para ayudarnos —declara Vanessa— y la recordó. Hasta entonces los ángeles no formaban parte de mi conciencia cotidiana. Todo lo que sabía sobre ellos era lo que había aprendido en la escuela dominical. Pero ahora los llamo a cada momento. Tengo siempre la sensación de que alguien cuida de mí, algo espiritual.

Has de recordar, como descubrió Vanessa, que los ángeles pueden intervenir de un modo físico. Y proporcionar a la gente personas que ayuden a resolver problemas mecánicos. Al parecer, proceden así con mucha frecuencia. No sólo guiarán al que te asista, sino que también *te* guiarán para que encuentres a la persona más capaz de ayudarte. He aprovechado muchas veces este servicio de asistencia angélica.

¿Veré realmente a un ángel en cuerpo o en forma luminosa?

No sucede con gran frecuencia, pero *pasa* a veces. He contemplado formas luminosas. También he visto ángeles de borrosas siluetas corporales. Como muchas personas. ¡Pero no desesperes si éste no es tu caso! Aunque no *veas* literalmente a un ángel bajo cualquier forma, te ayudan de todas maneras.

¿Cuándo se hacen visibles los ángeles? No hay reglas, pero la mayoría de quienes los contemplaron se hallaban en situaciones de terrible necesidad, física o emotiva. Vi una vez a uno suspendido sobre mi coche para protegerme de un accidente a punto de producirse. Los ven quienes se hallan enfermos. Algunos los observaron cuando estaban abatidos por la tristeza o la pena.

Distinguí en una ocasión a un ángel ante las estanterías de mi despacho. Pasaba entonces por una época emocional difícil, y aquel ángel se presentó para mostrarme que no había sido abandonada, que debía tener fe.

Los niños parecen captar mejor las formas angélicas. ¡Tal vez porque nadie les ha dicho todavía que *no pueden* verlas!

*

Una espesa capa de nieve reciente paralizaba la comunidad rural en donde vivía Jill Hearn. Estaba ya muy avanzada la mañana, y sus dos arrapiezos, Laura y James, se distraían con sus juguetes.

De repente, Jill experimentó náuseas, debilidad y mareos. Tuvo la extraña impresión de que se hundía cuando marcó en el teléfono, tratando de pedir ayuda. Las líneas de emergencia no funcionaban por culpa de la borrasca de nieve, y Jill no consiguió llamar. Finalmente se desplomó en el sofá, abrumada por el dolor. Luego sintió que abandonaba su cuerpo. Vio desde arriba a la Jill que permanecía contraída en el sofá. En aquella altura no experimentaba dolor, ni miedo, sólo paz y una firme seguridad de que nada malo sucedería. El cuerpo del sofá no se movía. Mientras observaba, pensó en los niños. *¿Estarían bien?*

Después se vio flotando sobre la puerta de su dormitorio. Jugaban en aquella habitación, sentados en el suelo y rodeados de construcciones y coches, cuando Jill se desplomó en el cuarto de estar. *¿Seguían aún en el dormitorio?*

Surgieron dos gigantescas columnas luminosas y, al observarlas por segunda vez, Jill advirtió que eran ángeles que flanqueaban la puerta del dormitorio infantil. Miró dentro de la habitación y vio que otros dos ángeles jugaban con los niños.

—Tenemos que marcharnos —dijo un ángel a Jill.

Sabiendo que los niños estaban bien, Jill partió con el ángel. Su último pensamiento fue para las bellas montañas de la comarca, completamente cubiertas de nieve.

Jill pasó tres semanas en un hospital próximo, inconsciente en diversos periodos.

—Supe más tarde —dice ahora, diez años después de aquella jornada terrible pero venturosamente concluida— que cinco grandes cálculos renales me produjeron un bloqueo que acabó en coma urémico. Al regresar por la tarde me encontró mi abuela tendida en el sofá. Fue la primera en llegar. Ignoraba cuánto tiempo llevaba yo enferma y los niños desatendidos.

Al entrar, la abuela de Jill sintió un escalofrío y tuvo la impresión de que acababa de abandonar la casa cuando en realidad había estado ausente ocho horas. Era como si el tiempo se hubiese detenido.

Halló en el dormitorio a los niños exactamente como los había dejado: contentos, limpios y secos.

—No había indicio de que se hubiesen movido de aquel sitio —afirma Jill—. No habían comido y sus pañales estaban secos. Ninguno necesitaba nada.

Cuando preguntaron a Laura, de tres años de edad, lo que habían hecho, replicó: "Estuvimos jugando con los ángeles."

—Después de aquello supe que no tenía que inquietarme por mis hijos —dice Jill—. Sé que estuvieron en buenas manos, manos angélicas, las manos de Dios.

*

Los niños ven frecuente y fácilmente a los ángeles. Y más tarde se les dice que no crean en lo que vieron. Eso es un error. Jill enriqueció espiritualmente a sus hijos, no sólo creyendo entonces en los ángeles, sino hablándoles de su misión divina.

*

La experiencia angélica de Bárbara Theriault fue, según asegura, "muy sencilla, sin luces brillantes ni colores vivaces".

Hace veinte años, en plena juventud y madre de dos hijos, vivía cerca de sus suegros.

—Estaba muy enferma de gripe, y mi marido había ido a trabajar, así que mis suegros vinieron a ocuparse de los niños —dice, recordando el alivio que experimentó al verlos.

—Me enviaron a la cama, pero no me dormí —prosigue—. Simplemente di vueltas y más vueltas, abrumada por los dolores. Ignoro por qué, pero miré hacia los pies de la cama y, aunque la habitación estaba a oscuras, distinguí a dos blancos ángeles, uno a cada lado de la cama, que me miraban.

Supo que habían hecho patente su presencia para recordarle que estaba atendida no sólo por su familia, sino por Dios.

Ésa fue la única vez en que Bárbara vio a ángeles bajo su forma, pero sabe que se encuentran siempre en torno de ella.

—Anhelo todavía —afirma— poder *verlos* de nuevo.

*

Darline Beck, esa secretaria jubilada de Fort Lauderdale, a la que ya he mencionado, afirma que vio la forma de un arcángel en un determinado momento de su vida en que necesitó imperativamente un consuelo.

En 1989, tras haber vivido en California, Darline regresó a Florida, dejando atrás una vida quebrada por un divorcio.

—Había sido una época muy difícil —dice—. Aún me preguntaba si tomé la decisión oportuna al divorciarme, pero sabía que tenía que seguir adelante con mi vida.

Una noche, cuenta, "estaba en la cama, cuando vi en el aire al arcángel Miguel. Sus grandes alas se extendían sobre mí, y distinguí una viva luz blanquiazul. Entonces me habló".

—No temas —dijo el ángel—. Todo se arreglará.

Aquel mensaje serenó a Darline, quien afirma que siempre que se siente deprimida evoca aquella visión angélica y experimenta al punto una sensación de paz.

¿Con qué celeridad nos responden los mensajeros de Dios?

¡Responden a veces incluso antes de que hayas tenido tiempo de expresar tu petición!

Replican al instante o al día siguiente, a la semana próxima, o al cabo de un mes o veinte años más tarde. Por lo común, sin embargo, recibimos una cierta indicación de que algo se ha puesto en marcha, aunque no obtengamos una respuesta que consideremos definitiva. Actúan con rapidez en algunos casos y lentamente en otros. ¡En ocasiones no reconocemos la respuesta porque estamos implorando una y nos proporcionan *otra*! Y claro es que a veces no podemos decir si la hemos recibido porque lleva tiempo identificar la obra de los ángeles. Captamos minúsculos fragmentos y sólo mucho más tarde contemplamos la imagen completa y vemos su obra.

*

A comienzo de la década de los ochenta, Debbie estudiaba en una escuela de enfermeras y residía en Miami. Una noche le recogió su amiga Bonnie, y las dos se dispusieron a disfrutar de una agradable pausa en los estudios y en su adiestramiento en el hospital.

—Fuimos en coche a South Beach —dice Debbie—. Era antes de la gran reforma que han hecho allí en los diez años últimos. Por entonces sólo comenzaban a renovar algunos de los antiguos hoteles de estilo *art deco*.

Soplaba una tibia brisa, que mecía las palmeras, y llegaba hasta allí el rumor de las olas. La escena recordaba la imagen de una tarjeta postal.

Detuvieron el coche en una callejuela lateral y, tras cerrar las puertas, descubrieron que habían dejado olvidadas dentro las llaves.

—Sentimos pánico —asegura Debbie—. Habíamos ocultado los bolsos bajo los asientos, así que no llevábamos ni un centavo.

—Mi padre guarda un par de llaves adicional —dijo Bonnie—. Si pudiéramos llamarlo, las traería. ¡Pero ni siquiera tenemos una moneda de veinticinco centavos!

Prosigue Debbie:

—De haber contado al menos con esos veinticinco centavos, podríamos buscar una cabina telefónica. Pero sin esa moneda...

Momentos más tarde se fijó en algo.

—Miré al suelo —cuenta Debbie— y allí estaba la moneda, nueva y reluciente.

Encontraron la cabina, llamaron al padre de Bonnie, éste trajo las llaves y las dos amigas regresaron a su casa, sanas y salvas.

—Fue una noche que siempre recordaré —asegura—. Comprendí que tenía un ángel de la guarda. El hecho de que apareciese la moneda de veinticinco centavos cuando tanto la necesitábamos fue algo más que una coincidencia.

¿Qué formas asumen las respuestas?

Las respuestas pueden ser intuiciones, coincidencias o sencillamente una sensación de "saber".

En ocasiones, las respuestas son más concretas. ¡Pediste algo y surge!

Y quizás no resulten evidentes de inmediato porque lleguen en partes o poco a poco a lo largo de un tiempo.

✳

Ahora narra su historia Ellen Dwyer, de Lauderhill, Florida.

✳

Siempre supe que mi ángel de la guarda me había ayudado en algunos momentos de ansiedad en mi vida.

Rezo mis oraciones cada mañana. Incluyo al ángel de la guarda en mis plegarias y le pido que proteja también a mis nietos.

De los hijos y nietos dije siempre que eran "joyas en la corona de los padres" y a veces, viendo a unos padres exasperados ante la conducta de su hijo, les hago observar que tienen que ver en el niño un rubí, un diamante o lo que fuere.

Tuve la oportunidad de ir a Israel en 1992, y en la Iglesia de la Natividad de Belén contemplé la bella imagen de la Virgen rodeada de ángeles. Medité, dando gracias a Dios por mi maravilloso ángel de la guarda, y reflexioné que había leído en alguna parte que podía darle un nombre. Pensé entonces que tal vez tuviese ya uno y recé para que, de ser posible, conociera algún día tal apelativo.

Una mañana, varias semanas después, había estado en el patio de juegos con Andrew, mi maravilloso nieto de dos años, que en casa había provocado antes malévolamente a su hermano de cinco años. Cuando me senté y di las gracias a Dios por aquel espléndido nieto, me pregunté qué clase de joyas podía ser Andrew. ¿Un diamante, un rubí, una perla? Y luego añadí bromeando: *¿Carbón*?

Oí entonces un murmullo interior que decía "lapida" o "lapidus". Cuando volví a casa, busqué en el diccionario ambas palabras, pero no pude encontrarlas. Hallé, empero, el término lapidario, que se emplea para designar al que corta y talla piedras preciosas.

Creo que me fue revelado el nombre de mi ángel, y ahora, cuando le rezo, añado el nombre de Lapidus, el de mi maravilloso ángel.

*

Con frecuencia los ángeles actúan telepáticamente. Nos proporcionan impresiones, del mismo modo que revelaron a Ellen el nombre de su ángel de la guarda. Me he comunicado con ellos de esta manera durante toda mi vida. De hecho, la mayoría prefieren este método por su rapidez.

¿Qué significa decir "cuidado con lo que pides, puede que lo consigas", y cómo nos afecta?

Todos lo hemos experimentado, ¿no es cierto? Las veces en que deseábamos algo y luego de recibirlo comprendimos (inmediatamente, al cabo de un rato o quizá no en años) que no nos convenía en manera alguna.

Por listos que nos gustaría creernos, a veces resulta difícil determinar la diferencia entre lo que *deseamos* y lo que *necesitamos*. El universo hará cuanto sea posible por proporcionarnos lo que *necesitamos* y tendrá éxito en el empeño si desempeñamos el papel que al respecto nos corresponde. Por lo que se refiere a lo que deseamos, frecuentemente podemos obtenerlo a menudo con la bendición del universo, por así decirlo, pero veremos después si realmente nos aprovecha o no.

Algunas de nuestras lecciones se concentran en esto. Deseamos *tanto* algo o a alguien, y el universo dice, en efecto: "¡De acuerdo, ya que crees que realmente lo *necesitas* tanto, te ayudaré y veremos lo que aprendes, luego de que sea tuyo!"

A veces el universo actúa literalmente así, como en el relato que escuché en una ocasión acerca de una mujer que rezaba y rezaba para que se presentase en su vida el hombre oportuno. Redactó incluso una lista de las cualidades que buscaba en su pareja. Pues pronto lo conoció y era maravilloso. ¡Todo lo que había imaginado y aún más! Y estaba loco por ella. Sólo existía un inconveniente: en sus oraciones y en la lista, aquella mujer de veintinueve años había olvidado mencionar que el compañero ideal debería tener aproximadamente su edad. ¡Cuando apareció, resultó que el Hombre Ideal contaba setenta años! Aunque claro está que le agradó, no se le pasó por la cabeza la idea de aceptarlo como pareja.

¿Qué sucede si desoigo sus mensajes?

Seguirán tratando de establecer contacto contigo.

Y pagarás el precio si continuas ignorándolos.

Ese precio puede ser pequeño o grande. Quizá así aprendas inmediatamente la lección y seas luego capaz de obedecer el mensaje.

Pero si no dispones de mucho tiempo, mejor será que atiendas el mensaje tan pronto como lo recibas. ¡Si, por ejemplo, te encuentras en una situación peligrosa o te enfrentas con la perspectiva de un riesgo del que no eres consciente hasta que te lo advierten, mejor será que escuches!

Una de las cosas más frustrantes que pueden acontecer es que sientas que has recibido un mensaje y que no lo ignores, pero que no consigas actuar conforme a lo que se te dice.

Hay consecuencias cuando ignoramos descaradamente los mensajes o cuando somos incapaces de actuar como debiéramos tras recibirlos. Los ángeles *no* nos castigan por no escucharlos, así que no pienses de ese modo. Los ángeles son como las luces rojas y verdes de un semáforo. Sabemos lo que tenemos que hacer cuando vemos una luz roja en un cruce. Si no nos detenemos, atendiendo la advertencia, estamos corriendo un riesgo.

*

Cassandra tiene ahora veintiocho años. A los quince, estudiante de segundo de secundaria, vivía con su madre, su padre y un hermano menor en el sudoeste cuando conoció su experiencia más honda y frustrante en lo que se refiere a la asistencia angélica.

Honda, porque ella sabía que la orientación era auténtica, y frustrante por carecer de poder para atenderla.

El acontecimiento crucial tuvo lugar en febrero pero, como explica Cassandra, el factor determinante surgió dieciocho meses antes.

—Murió entonces el padre de mi madre —dice Cassandra—, y siete meses después su madre. Mi madre quedó desolada porque se hallaba muy unida a ellos. Constituían su sistema de seguridad porque el de mi madre y mi padre no fue un matrimonio afortunado. Visitábamos a nuestros abuelos al menos una vez al mes y también ellos acudían a menudo. Vivíamos a hora y media de distancia.

La madre de Cassandra, que siempre había sufrido un precario estado emocional, se sumió en la depresión tras la muerte de sus padres, a los que tanto quería.

—Yo tenía sólo catorce años pero hube de redactar todas las tarjetas de agradecimiento por las flores y las plantas tras el funeral, porque mi madre no se sentía capaz —afirma Cassandra, cuya relación con ella parecía más que de hija, de otra pariente—. Se hundía cada vez más en la depresión.

La madre de Cassandra hubo de asumir la mayor parte de las responsabilidades de la herencia de sus padres y, como trabajaba en compraventa de fincas, se encargó de liquidar la propiedad de la casa. Ocho meses después de la muerte de la abuela de Cassandra aún se prolongaban las negociaciones de venta del inmueble.

—Mi madre proyectaba ir un sábado a la casa de mis abuelos para reunirse con otros corredores de fincas y terminar el papeleo de la venta.

Cassandra evoca con la viveza de entonces lo sucedido doce años atrás.

—Unos días antes comencé a tener visiones o ensoñaciones del choque en la carretera del coche de mi madre contra un poste de madera. Me pareció que se trataba de visiones proféticas. Sencillamente sabía que me mostraban algo que iba a suceder.

Inquietaban a Cassandra los ciento cincuenta kilómetros que tendría que recorrer su madre al volante para llegar a la casa de sus difuntos abuelos. No quería que fuese sola.

—Durante aquellas visiones sentí que el accidente era una tentativa de suicidio. Supe que, si le dejaba ir sola, sufriría el accidente que yo seguía contemplando.

Cassandra era una alumna aplicada que además trabajaba a media jornada en unos grandes almacenes. Su turno del sábado comenzaba a las cinco de la tarde, e intentó que se lo cambiasen o permutar con otra empleada para conseguir la tarde libre y acompañar a su madre, pero no cosiguió ni una cosa ni otra.

—Traté de convencer a mi madre de que regresase antes de las cinco para acompañarle y llegar a tiempo a mi trabajo

—declara—, mas no accedió. Siguió diciéndome que no tenía idea del tiempo que duraría la reunión. Estaba claro que deseaba hacer sola el viaje, y creí sinceramente que era porque pensaba matarse estrellándose contra un poste.

Como no consiguió entenderse con su madre, recurrió a su padre y le pidió que la acompañase. Accedió.

—No te molestes —replicó la madre de Cassandra—. Iré sola. Ese viaje no tiene nada de particular.

Como ignoraba la auténtica preocupación de Cassandra —quien no le reveló sus visiones— no insistió, y aceptó que su esposa fuese sola.

—Ya que aquello no funcionaba —refiere Cassandra—, decidí alegar enfermedad el sábado para poder acompañar así a mi madre. Cuando desperté por la mañana, le dije lo que pensaba hacer. Se negó a que la acompañase. Estaba resuelta a ir sola.

—Mamá, estoy preocupada por ti —le dijo Cassandra.

—Pues me encuentro bien —replicó su madre—. Simplemente voy a trabajar.

Lo extraño de aquel día, menciona Cassandra, es que había pensado salir con unos amigos al terminar su trabajo aquella noche, y a su madre le sublevó el proyecto.

—Mi madre apenas se molestaba conmigo por cosas de ese estilo —dice Cassandra—. Era muy raro.

Se preguntó si su madre desearía que estuviese en casa después de salir del trabajo a las nueve para que toda la familia se hallara reunida cuando les informasen del accidente.

—Cuando salí a trabajar a las cinco de la tarde —cuenta Cassandra—, mi madre no había regresado de la reunión con los corredores de fincas. Mi padre había ido a ver a unos amigos que vivían cerca y mi hermano se quedó en casa.

Cassandra se estremeció cuando, ya en los grandes almacenes, la dijeron que la llamaban por teléfono.

—Se trataba de mi hermano y me anunció que nuestra madre había sufrido un accidente con el coche. Era la visión que había tenido durante toda la semana y en especial aquel sábado. Así que no me sorprendió.

—¿Cómo se encuentra? —inquirió Cassandra de su hermano.

—Aún no lo saben —replicó.

El hermano de Cassandra llamó a su padre, y éste aguardó a la ambulancia a su llegada al hospital.

—¿Quieres marcharte antes? —preguntó su jefe a Cassandra.

—No —replicó—. Me quedaré.

Cassandra sintió que su madre se curaría.

—Era la cosa más extraña —explica—. Sabía que no había muerto, pero no tenía idea de cuál era su estado.

A las nueve de la noche, cuando salió de los grandes almacenes, Cassandra se dirigió al hospital con dos compañeras del trabajo que insistieron en ir con ella.

—Estaba irritada con mi madre por haber hecho aquello y conmigo por no habérselo impedido. Cuando llegué al hospital, la policía dijo que debería estar muerta. Justo como lo había visto mentalmente durante toda la semana, su coche se estrelló contra un poste de madera.

La madre de Cassandra salió despedida y, al parecer, aquello salvó su vida. De haber seguido dentro del vehículo, dijeron los expertos, habría perecido con toda seguridad, porque el coche dio una vuelta de campana y se aplastó su techo. Nadie podía explicarse cómo había sido lanzada y, eventualmente, resolvieron que era posible que la puerta estuviese mal cerrada.

—Sus lesiones eran relativamente ligeras, considerando lo sucedido. Tenía fracturados ambos brazos, dos vértebras aplastadas y magullamientos —cuenta Cassandra—. Todo negro y azul, su cuerpo era un puro moretón y no podía moverse.

Cassandra pasó la noche en el hospital con su madre. Aunque llegó a curar, necesitó dos años y medio y muchas intervenciones quirúrgicas en los brazos para recobrarse por completo.

—Jamás le referí mis visiones —dice Cassandra—. Cuando le preguntaban por el accidente, nunca pudo explicarlo. Tres años después del accidente se separó de mi padre y se sometió a una terapia.

Aunque jamás mencionó a su madre las sospechas de suicidio, tuvieron una conversación muy extraña según dice la propia Cassandra.

—Me contó que el terapeuta le había afirmado que el accidente constituía una tentativa de suicidio. Jamás volvió a hablarme de aquello, pero confirmó que mis visiones fueron acertadas.

*

Los ángeles pueden proporcionarte fácilmente profecías. No hace falta que seas un profeta bíblico, un santón o una maga para recibirlas puntual y exactamente cuando las necesites.

Cassandra obtuvo la profecía del accidente de su madre pero no fue capaz de evitarlo. Como los ángeles no consiguieron impedirlo por mediación de Cassandra, hicieron que no fuese fatal; actuaron directamente sobre su madre, logrando que saliera despedida del coche antes de que quedase aplastado.

*

Gary Wilson, un productor radiofónico de Miami, los llama "mensajes del universo".

Todo el mundo ha sentido "algo semejante", dice, "una premonición, a menudo algo que puede salvarte".

Cree que "recibimos mucho más de lo que advertimos, tomamos decisiones basadas en unos mensajes y la cosa sale bien".

Wilson, que tiene cuarenta años, asegura que siempre dispone de "una vocecita que sabe lo que hay que hacer".

Si la escucha o no, responde riendo, "ésa es otra historia. Cuando no la escucho, comprendo demasiado tarde que debiera haberla atendido. A veces no escuchamos porque decimos: *Vaya, otra vez la ilusión de un deseo*, o *Soy demasiado precavido*. Tendríamos que atenderla más a menudo".

¿Hacen algo por mí los ángeles sin que se lo pida?

¡Pues claro que sí!

Saben lo que piensas, así que pueden echarte una mano, incluso antes de que formules una petición. Proceden de acuerdo con lo que es *bueno* para ti o te ayudan a aprender lecciones importantes.

Y, como sabemos, te rescatarán o te transmitirán la información necesaria para que te salves. Ésa es la razón de que las más de las veces acudan en tu socorro sin que lo hayas pedido ¡Es su tarea!

✳

En 1990, Marge Cowan, propietaria con Irwing, su marido, del famoso Hotel Diplomat de Hollywood, en Florida, salió indemne de un terrible accidente en que se incendió su coche, salvada en su opinión por un ángel de la guarda y el espíritu de su difunta madre.

El día antes, cuando se cumplían diez años del fallecimiento de su madre, Marge había encendido una vela *yahrzeit*, que en la tradición judía se utiliza en cada aniversario de la muerte de un ser querido. Esta vela especial arde durante veinticuatro horas, y estaba ya muy cerca de cumplirse ese tiempo cuando salió Marge a hacer unos recados.

Iba sola en su coche y apartó por un momento sus ojos de la calzada. Cuando volvió a mirar iba recta hacia un grupo de árboles.

—Giré a la izquierda —dice— para evitar los árboles. Pero tan violentamente que el coche dio una vuelta de campana.

Creyendo a Marge muerta, o al menos muy malherida, un viandante corrió hacia el coche y la sacó por la ventanilla.

—Se congregaron al menos cien personas —declara Marge—. El coche estalló en llamas, llegaron vehículos de la policía y ambulancias. Pero me alejé del coche totalmente ilesa. Sin un rasguño. ¡Ni siquiera perdí las *gafas de sol*!

Cuando regresó a su casa, le asombró descubrir que al cabo de más de *veintinueve horas* aún ardía la vela *yahrzeit*.

—Jamás se había oído una cosa semejante —asegura Marge—. Sólo duran veinticuatro horas. Supe que era una señal de que mi madre había cuidado de mí y de que por eso me hallaba ilesa.

Mientras observaba la vela, recordó que en el lugar del accidente una mujer le había dicho:

—Los ángeles tienen que haber cuidado de usted.

—Estaba segura de que tenía razón —dice Marge—. Y sentí que aquel día mi madre había sido uno de los ángeles de la guarda.

*

En 1969, Ron Renneberg, policía como su padre, era un joven patrullero en su Connecticut nativa. Llevaba en el Cuerpo sólo un par de años, pero Ron sabía ya lo que vale confiar en tus instintos íntimos. Cada día, "algo me decía haz esto o haz lo otro", recuerda. La atención a ese "algo" lo conducía a menudo a practicar detenciones o a obtener información. Pero aquel día le salvó la vida.

Ron llevaba unas cuantas horas en la segunda mitad de su doble turno, que había comenzado a las ocho de la noche anterior. Como en su área de patrulla estaba la casa de sus padres, se detuvo allí para desayunar rápidamente en compañía de su madre. Su padre se hallaba aquella mañana al frente del control de los patrulleros y sabía en dónde se encontraba Ron. En vez de llamarlo por la radio policial, utilizó el teléfono de su domicilio.

Había sonado la alarma contra robos en una casa del barrio.

—No te apresures —dijo su padre—. Ha habido ya muchas falsas alarmas en esa casa.

Pero algo dijo a Ron que esta vez no se trataba de una falsa alarma. Corrió a su coche policial y, sabiendo que era urgente, optó por el Código 3: luces y sirena, pero cuando te acercas al lugar, apagas todo.

—Observé atentamente la fachada —declara— mas no vi nada extraño. Algo me indicó, sin embargo, que fuese por la parte trasera. Allí encontré un porche cerrado y vi la puerta entreabierta y una ventana con el pestillo roto.

Ron titubeó. Normalmente, habría penetrado al instante por aquella puerta entreabierta. Pero no esta vez.

—Algo me dijo que buscase en la habitación de la derecha, cuya puerta estaba cerrada. No sabía adónde conducía, pero la abrí apenas, empujándola muy lentamente, y me hice a un lado para ver a través de la abertura.

Era un cuarto de baño y allí había un tipo al que reconoció Ron.

—Lo habíamos detenido antes por robo con fractura. Era un heroinómano.

Y ahora tenía un calzo de hierro.

—Metí el cañón de mi arma por la abertura y le dije que tirase el calzo, lo esposé, cacheé y detuve.

El hecho de abrir la puerta oportuna salvó la vida de Ron.

—De haber optado por la puerta de la casa, jamás le hubiese visto escondido en el cuarto de baño y me habría partido el cráneo.

No mucho después Ron abandonó la policía, tras haber quedado malherido "por uno de esos tipos" que intentó degollarlo, refiere ahora cuando disfruta en Florida de una vida y de un trabajo más pacíficos.

¿En dónde se hallaba *aquel* día su ángel de la guarda?

Ron replica inmediatamente:

—Estoy vivo, ¿no es cierto?

*

Jill Hearn despertó a las cuatro de la mañana con un sueño inquietante.

—Supe que una amiga mía necesitaba que acudiese a su lado —dice—. Así que fui, y buena falta que le hacía.

Jill permaneció allí unas cuantas horas y luego emprendió el regreso en su coche. Amanecía, el cielo comenzaba a clarear, pero Jill mantuvo encendidos los faros "como medida de precaución" cuando se dirigió hacia el sur por el carril del extremo izquierdo de los tres que llevaban en esa dirección en una autopista de seis.

Por delante, a su izquierda, una furgoneta cruzó los tres carriles que llevaban al norte, dirigiéndose hacia la divisoria. Jill estaba segura de que no pasaría de allí.

—Pero no se detuvo, salvó la divisoria y penetró en mi carril. Ni redujo su marcha ni se molestó en mirar. Cuando comprendí que no pararía, frené, pero ya era demasiado tarde. Por fin me vio y frenó, pero también a destiempo.

Cada vez más próximos su coche y la furgoneta, Jill se preparó para el choque inevitable.

Aquel vehículo arremetió contra su portezuela.

—Como en cámara lenta, vi horrorizada que giraba sobre mi capó la caja de la furgoneta y brillaban sus luces traseras ante mi parabrisas. Era como si el tiempo se hubiese congelado antes de que aquel vehículo arrollase a mi coche.

Entonces la furgoneta se detuvo. Jill y el otro conductor se miraron.

—Nuestras bocas no se cerraban. Seguimos mirándonos, parpadeando.

Los dos estaban ilesos.

—Estoy convencida de que habría muerto de no haber mediado José, mi ángel de la guarda.

*

El ángel de la guarda de Jill Hearns, al que ella llama José, a veces se divierte un poco en la cocina.

Un día mientras preparaba tallarines con pollo, comprendió que había echado demasiado caldo. Mientras pensaba si quitar algo o no, oyó una voz.

—Deja la mitad y guarda el resto para otra ocasión —sugirió la voz en su cabeza.

Claro, ¿por qué no?, pensó. Y en vez de tirar por el sumidero el sobrante, lo echó en un cuenco.

Prosiguió con los preparativos, añadiendo más condimentos al caldo que cocía en la olla. Cuando lo roció con perejil seco, advirtió algo que claramente *no* estaba en la receta: bichos, muchísimos, que flotaban en la sopa. El tarro del perejil había sido su refugio en el armario.

Jill no se inmutó. Sencillamente tiró el caldo y utilizó el que había guardado.

—Agradecí a José que me hubiese recomendado guardar el resto del caldo —señala— y le pregunté por qué no me dijo que había bichos en el perejil.

—No me lo preguntaste —replicó José.

*

No pienses que los ángeles no se ocupan de fruslerías. Les encantan. La vida constituye simplemente una serie de pequeñas cosas. Y, como descubrió Jill, a veces son capaces de bromear con las fruslerías.

*

Len no quiere que se utilice su verdadero nombre porque, asegura, no sabe lo que pensarían de sus experiencias amigos y compañeros, e incluso *él* no está por completo seguro de si debe atribuirlas a la suerte a la asistencia espiritual.

Bromea, diciendo que su ángel de la guarda tuvo mucho trabajo durante la primavera y el verano de 1993, porque lo protegió de la muerte, o al menos de serias lesiones, y no una sino dos veces.

Médico con una gran carrera, Len está soltero y posee una auténtica mansión magníficamente decorada en un suburbio de una gran ciudad. Confía en casarse y en formar una familia en esta casa en donde vive desde hace un par de años.

Descansaba en el dormitorio principal del segundo piso cuando un tornado arrasó la parcela de bosque próxima a su casa "y lanzó treinta árboles a mi piscina". Aquellos árboles de unos treinta metros de altura pasaron a medio metro del tejado de la casa.

—Si hubieran caído allí —señala—, habrían aplastado mi dormitorio.

Un riesgo como aquél era bastante para provocar escalofríos, pero tan sólo cinco meses después Len empezó a preguntarse si era un hombre marcado por el destino.

—Había ido a comprar un coche nuevo —recuerda— y penetré en la tienda del concesionario por la entrada principal.

Tras encontrar a un vendedor, Len se apartó apenas de esa entrada y le explicó lo que quería. Mientras la conversación proseguía, se alejaron un poco más de la puerta.

—De repente oímos un terrible estruendo —cuenta, asombrado todavía de lo sucedido—. El techo se desplomó sobre la entrada, exactamente en donde había estado cinco minutos antes.

Con fama de serio, este hombre, cuya profesión le induce a otorgar más importancia a las pruebas y los hechos científicos que a la espiritualidad o la fe, se negó al principio a admitir que alguien o algo estaba tras él. Pero luego un amigo hizo observar a Len que no se trataba en modo alguno de un caso de mala suerte.

—Estás vivo, ¿no es cierto? —le dijo—. Puede que fuese mala suerte que un tornado lanzara en plena noche unos árboles contra tu propiedad y que se viniera abajo el techo de un concesionario de coches, pero en *ambos* casos te salvó la intervención divina.

Len cree estar de acuerdo, y aceptó compartir contigo su historia, aunque todavía hay en sus ojos un rastro de escepticismo cuando imagina lo que sus compañeros, médicos y científicos, pensarían de él si se expresase públicamente acerca de los ángeles.

Y, sin embargo, se trata de alguien que cree en Dios y que practica la religión en que fue educado, de un hombre que pretende dar a sus hijos una formación religiosa.

Quizá todo lo que le sucedió fuese un mensaje de los ángeles:

—Si crees en Dios, has de acordarte de nosotros, porque somos sus mensajeros.

*

Oímos a menudo que los ángeles desempeñan el papel de Cupido. Porque a Cupido, dios del amor en la mitología romana, lo describen como a un niño regordete de doradas alas, muy semejante a las representaciones de un querubín en las obras de muchos artistas. El querubín es un ángel, pero Cupido *no* lo es.

Cuando los ángeles aportan amor y desempeñan el papel de casamenteros, puedes advertir la prueba encantadora de su acción en una serie de coincidencias y de extrañas casualidades.

La bondad y el desinterés de los ángeles brotan en las mentes de muchos cuando están enamorados y a menudo atribuyen esas cualidades a quienes aman.

—Eres un ángel —dirán.

—Tiene la cara de un ángel —afirma un hombre enamorado.

El amor romántico y los ángeles van emparejados en la música popular, el cine y el teatro.

Los tres intervinieron recientemente en favor de una pareja cuya amistad, noviazgo y compromiso contaron claramente con la ayuda de los ángeles.

*

Amy Phillips había renunciado ya a toda esperanza de hallar al hombre ideal. A los treinta y cinco, y tras numerosas relaciones, algunas muy próximas ya a un compromiso firme, esta mujer adorable, cordial y que había conocido el éxito, alzó los brazos al aire, proclamando:

—¡Renuncio!

Sabía lo que había estado buscando: un hombre que compartiese su amor por las artes, sobre todo por el teatro; un hombre que hubiera triunfado, brillante, ingenioso y lleno de vida; un hombre capaz de compartir sus más hondos sentimientos, sus ideas y pasiones; un hombre adulto que poseyera todas esas anheladas cualidades de *boy scout* como la honestidad, la integridad y la responsabilidad, dotado además de un gran sentido del humor; un hombre con un alma romántica. Y no vendría mal que también supiera cocinar.

Amy había trabajado durante casi una docena de años en arte publicitario. Se encargó después de las relaciones públicas en la Coconut Grove Playhouse de Miami. Dejó esa firma para abrir su propia empresa justo antes de que Allen Zipper ingresase en el grupo de producción de Playhouse. Así que no llegaron a conocerse hasta años después, trabajando en firmas separadas con sede en el mismo edificio.

—Probablemente, aún no me hallaba preparada entonces para encontrarlo —dice Amy—. Quizá me hubiese parecido demasiado joven y estaba demasiado ocupada saliendo con tipos guapos e insustanciales o que destrozarían el corazón. Tenía mucho que aprender antes de conocer a Allen.

En realidad, Allen no parece un ángel. ¿En dónde se ha visto a un querubín con barba?

—Sé que puedo parecer anticuada —declara Amy—, pero es como si Dios lo hubiese hecho especialmente para *mí*.

Fueron amigos durante más de un año. Allen se había convertido en productor teatral, como uno de los fundadores de un ambicioso empeño, la Miami Skyline Theatre Company, que presentaría sus creaciones en el histórico Gusman Center de Miami. Amy llevaba la publicidad de muchas organizaciones artísticas, incluyendo Gusman, y tenía su oficina en el mismo edificio. Cuanto mejor conocía a Allen, más convencida estaba de que había encontrado un alma gemela. Había llegado a ser su mejor amigo. Tenían mucho en común, gustaban mutuamente de su compañía, y ella sentía un enorme respeto por él. Contaba ante sí con la evidencia, pero aún no la reconocía: aquél era el hombre perfecto para ella.

Allen no sólo la había reconocido, es que prácticamente chocó con tal evidencia.

Estaba enamorado.

En julio de 1993, mientras pasaba un par de semanas en Europa, Amy pensó mucho en Allen. Lo echaba de menos. Y eso le confundía desde luego.

—No podía dejar de pensar en él —dice—, y no sabía qué hacer al respecto. Sabía cuánto se preocupaba por mí, pero ignoraba cuáles eran mis sentimientos. Estaba demasiado acostumbrada a verlo como en un compañero.

En relaciones anteriores, Amy siempre había sido consciente de su necesidad de "espacio". Pero no parecía suceder del mismo modo con Allen. Le gustaba tenerle al lado y jamás pensó de otra manera.

Cuando regresó de sus vacaciones, llamó inmediatamente a Allen.

—Era un viernes por la noche —dice— y yo había estado pensando en la película *Sleepless in Seattle**. Acababan de estrenarla y deseaba verla. Así que pregunté a Allen si quería que fuésemos juntos.

Pero el ángel de *Sleepless in Seattle* estaba ya en acción. Por la tarde, Allen, pensando en lo mismo, había deslizado una nota bajo la puerta del despacho de Amy, confiando en que la encontraría cuando volviese a trabajar en la mañana del lunes.

"¿Quieres que vayamos juntos a ver *Sleepless in Seattle*?", había escrito, sin saber que hablaría con Amy antes del lunes.

—Ésa fue nuestra primera cita —asegura Amy—. Habíamos salido antes muchísimas veces, pero ésta era

---

* En España: *Algo para recordar. (N. del T.)*

diferente. Me reunía con Allen de una nueva manera, y aquélla parecía indudablemente una cita romántica.

Vieron la película en la noche del domingo y les gustó.

El lunes, Allen envió a Amy una docena de rosas. En la película, los personajes Sam y Annie se reúnen finalmente al encontrarse en lo alto del Empire State Building. La tarjeta que acompañaba a las rosas para Amy decía: "No sé adónde iremos desde aquí, pero estoy dispuesto a aprovechar la oportunidad y encontrarme contigo en lo alto del Empire State Building. Con cariño, Allen."

La relación floreció muy pronto, y para octubre hablaban ya de matrimonio.

Al final de noviembre fueron en avión a Nueva York para pasar allí un largo fin de semana y asistir en Broadway al estreno de *Laughter on the 23rd Floor*, la nueva obra de Neil Simon. Lewis Stadlen, uno de los compañeros de Allen en la Miami Skyline Theatre Company, y su director artístico, era el protagonista de la nueva comedia de Simon.

Tan pronto como llegaron a Nueva York, fueron al hotel y de allí directamente al Empire State Building.

—Había llamado desde Miami —refiere Allen— para averiguar hasta qué hora estaba abierto el edificio y dije a la mujer con quien hablé que allí pensaba pedir a mi novia que se casara conmigo. Me contó que en la terraza de observación, y como tributo a la película, habían puesto un recuerdo, una losa con un corazón en donde se leía: "Annie quiere a San, *Sleepless in Seattle*, junio de 1993." ¡No podía creerlo! Nada dije a Amy de todo eso.

La terraza de observación del Empire State Building tiene cuatro entradas, una en cada esquina. Aunque Amy y Allen no lo habían planeado (indudablemente *fueron* los ángeles), la puerta por la que accedieron estaba justo frente a la losa de *Sleepless in Seattle*.

—Fue lo primero que vi cuando abrimos la puerta —dice Amy—. Miré y allí estaba. Dimos una vuelta, pero era una noche tan ventosa y fría que tuvimos que retroceder hasta donde estaba la losa. ¡Aquél parecía ser el sitio más cálido de la terraza!

De pie junto a la losa del corazón, Allen pidió en matrimonio a Amy.

—¿Te casarás conmigo? —dijo, entregándole un anillo de diamantes.

—¡Sí! —gritó, abrazándolo.

Cuando más tarde regresaron aquella noche a su hotel, Allen encendió la televisión y en la pantalla se sucedieron imágenes de *Sleepless in Seattle*.

—Anunciaban las próximas películas en la cadena de pago del hotel —dice Allen, riendo.

A la noche siguiente, Amy y Allen acudieron al estreno de *Laughter on the 23rd Floor*, y la primera persona a quien vieron en el vestíbulo fue Rosie O'Donnell, una de las estrellas de, bueno ya lo has imaginado, *Sleepless in Seattle*.

Allen había estado tarareando la música de *Sleepless in Seattle* y compró un disco compacto poco después de que Amy y él viesen la película. La banda sonora constituye una mezcla magnífica de bellas canciones, incluyendo la interpretación de *Make Someone Happy* por Jimmy Durante.

Cuando tras la representación se introdujeron entre bastidores para visitar a Lewis en su camerino, lo primero en que reparó Allen fue en una enorme foto de Jimmy Durante en la pared. Había sido Lewis quien la puso.

El martes por la noche, Amy y Allen fueron a bailar al Rainbow Room en lo alto del Rockefeller Plaza.

Tan pronto como llegaron, la orquesta comenzó a interpretar canciones de *Sleepless in Seattle*. "¡Tenía que ser!", pensaron ambos cuando se dirigían a la pista.

—Bailamos a los compases de *When I Fall in Love* —recuerda Amy.

—Y mientras tanto podíamos ver el Empire State Building por el ventanal —añade Allen riendo—. Cuando nos sentamos, una mujer vestida como las chicas que vendían cigarrillos en los años cuarenta llegó ante nuestra mesa con unos animalitos de trapo. Compré a Amy un osito rosa y blanco.

—Naturalmente, le pusimos Seattle —dice Amy.

De vuelta a Miami, tras el fin de semana del compromiso matrimonial, concluyó la tarea del ángel de *Sleepless in Seattle* y terminaron las coincidencias.

Cuando leas esto, Amy y Allen probablemente estarán ya casados. Bromean diciendo que, sean cuales fueren sus planes para el viaje de bodas, acabarán a buen seguro en Seattle.

Ah, sí, algo más: Allen cocina maravillosamente.

*

En enero de 1992, el ángel de la guarda de Nancy tuvo que unirse al de Eric en un delicioso empeño de emparejamiento.

Para Nancy, que entonces tenía treinta y nueve años y acababa de divorciarse, había terminado la temporada agotadora de Navidad en su tienda de la costa del sudeste.

—Deseaba pasar un día tranquilo en la playa —recuerda—. Y aunque el tiempo estaba desapacible, demasiado fresco y nublado, fui de todas maneras.

Nancy acude siempre no sólo a la misma playa, sino también al mismo lugar.

—Era mi favorito —dice—. ¡Mas cuando llegué, vi en *mi* sitio la toalla y las zapatillas de alguien!

Extendió su propia toalla a unos metros de distancia y trató de relajarse. Sus dos hijos habían pasado con ella las vacaciones y ya habían vuelto a la universidad. Concluido el ajetreo de la Navidad, podía descansar al fin. O al menos lo intentó.

—Me sentía inquieta —refiere—. Hacía fresco, me senté, luego me eché. Leí mi revista, y después la dejé.

Advirtió que tenía compañía. Había regresado el propietario de la toalla y las zapatillas. Era un hombre apuesto, aproximadamente de su misma edad.

—No dejaba de mirarme —cuenta—. Leí un poco, alcé la vista y vi que me observaba. Volví a leer, lo dejé y le sorprendí otra vez mirándome. Sucedió al menos cuatro veces. Decidí que la próxima, si la había, le diría algo aunque no sabía qué. Lo pensé y resolví que sería: "Qué frío hace hoy."

Claro está que cuando Nancy levantó los ojos de nuevo, él estaba observándola. Pero antes de que Nancy tuviera la oportunidad de abrir la boca, dijo:

—Qué frío hace hoy.

—No podía imaginar —señala— que hubiera dicho exactamente lo que yo pensaba decir en ese mismo momento.

Le sonrió y los dos empezaron a hablar.

Él preguntó si le gustaría dar un paseo por la playa. Le contó que cada invierno solía pasar en el sur una semana. Su casa y su negocio estaban en el oeste medio. Nancy lo había encontrado en el primer día de esa semana y se les brindaba la oportunidad de conocerse antes de que él regresara. Advirtieron que tenían mucho en común y bastantes coincidencias, no sólo en su presente, sino también en su pasado, incluyendo posibilidades de haberse conocido antes en el mismo lugar y por ese tiempo.

Cuando por fin encontró a Eric, "fue en mi sitio de la playa, y sus primeras palabras fueron exactamente las que yo había pensado decirle".

La pareja todavía mantiene una relación a distancia, se visitan mutuamente con la esperanza de que algún día estarán durante todo el año en el mismo lugar y al mismo tiempo.

*

Los ángeles no sólo unen parejas sino que también disponen coincidencias encantadoras y significativas en torno de su conocimiento. Y además las protegen.

He sentido esa protección, así como sus destrezas emparejadoras.

Una vez, en las Bahamas, hace algunos años, mi pareja y yo disfrutábamos de un magnífico día en la playa cuando de repente tuve la sensación de que nos observaban. Miré alrededor, pero no vi a nadie. Un tanto inquieta, decidí dar un paseo por la playa, y mientras avanzaba por el borde del agua recogí un palo y tracé en la arena las alas de un ángel, solicitando su protección. Volví adonde habíamos dejado la toalla, y él seguía allí, tendido al sol. Luego me dirigí a nuestro coche, situado a unos metros de distancia, para recoger unos vaqueros. Cuando llegaba al vehículo, surgió de unos matorrales un individuo de aspecto amenazador. Llevaba un pañuelo sobre la cabeza y empuñó ante mí una botella rota. Grité, pidiendo ayuda a mi pareja. Llegó corriendo, me vio asustada ante aquel andrajoso desconocido y se lanzó contra él. Los dos hombres empezaron a luchar. Imploré la ayuda de los ángeles, y al instante vi entre los dos una luz blanquiazulada. Tras aquello, el desconocido retrocedió y dejó de pelear.

—Siento haber estropeado sus vacaciones, señora —me dijo mientras huía.

Años más tarde, y también en las Bahamas, aprendí a bucear con escafandra autónoma. Imploré bajo el agua la ayuda angélica. No me sentía a gusto a tal profundidad, preocupada por las corrientes, por el suministro de aire y por tantas cosas. Cuando pensaba en eso, recibí un mensaje angélico, diciéndome que contaba con otra opción: no tenía por qué descender tanto, bastaba que bucease con tubo cerca de la superficie, cosa que me gustaba mucho. Los ángeles me enseñaron aquel día que siempre disponemos de otra opción y que su protección es parte de eso.

¿Cómo saber si un acontecimiento es el resultado de la asistencia angélica?

Del mismo modo que experimentamos unos sentimientos, "sabemos" que los ángeles han intervenido en algunos acontecimientos. Cuanto más conscientes seamos, mejor aprenderemos a reconocer la asistencia angélica. La respuesta simple es que intervienen en cada aspecto de nuestra vida, en cada momento del día? Aunque cueste trabajo creerlo, el resultado es que nos hallamos sintonizados constantemente con lo divino. Cuanto mayores sean nuestra fe y nuestra conciencia de este hecho, mejor reconoceremos la asistencia divina.

*

La historia de Audrey abarca tres generaciones y cuarenta años e integró, en definitiva, a dos familias para salvar la vida de su nieta.

No existe duda en la mente de Audrey; afirma que todo aquello sucedió para que pudiese vivir la niña.

—Y es innegable —concluye— que la intervención divina lo dispuso todo.

Audrey advierte que hay que remontarse por todo un árbol genealógico para seguir desde el principio este increíble relato de coincidencias, emparejamientos y leche materna.

En 1946, Audrey trabajaba en una emisora de radio de una gran ciudad del sudeste cuando conoció a Sally, una compañera de la misma edad. Se hicieron al punto amigas.

—Mi hermano Lou conoce a alguien con quien deberías ir al baile de los soldados —dijo Sally a Audrey—. Es perfecto para ti.

Concluida unos meses antes la Segunda Guerra Mundial, esos bailes seguían constituyendo grandes acontecimientos sociales, y Audrey proyectaba ir con otro chico. Pero Sally insistió una vez y otra en el amigo de Lou, un apuesto muchacho llamado Simon, que soñaba con ser editor y dirigir su propio periódico.

—Todo lo que oía era Simon por aquí y Simon por allá —recuerda Audrey.

Fue al baile con el chico con quien había pensado ir en un principio, y allí Lou, el hermano de Sally, presentó a Audrey y Simon. También a él le habían hablado de ella.

—Al cabo de un año —dice Audrey—, Simon y yo estábamos casados.

Tuvieron tres hijos, y ambos hicieron realidad sus aspiraciones profesionales. Simon llegó a ser editor de un gran periódico del sur, y Audrey alcanzó gran éxito con sus propios programas de entrevistas radiofónicas.

Sally también se casó, y las dos parejas mantenían contactos frecuentes, aunque ya no viviesen en la misma ciudad.

En 1968, el destino unió a otra pareja cuando Ellen, hija de Audrey y estudiante universitaria, presentó a su amigo Stephen a Michelle, hija de Sally. Este segundo emparejamiento funcionó tan bien como el primero. Stephen y Michelle se casaron muy pronto.

En 1986, Ellen, la hija de Audrey, casada desde hacía tiempo, adoptó a una niña.

—Era alérgica a todas las fórmulas de alimentación infantil —declara Audrey—. Los médicos dijeron que lo único que no habíamos probado era la leche materna. ¿Pero dónde se encuentra en estos tiempos un ama de cría?

Audrey refirió este angustioso dilema a su querida y vieja amiga Sally en una de sus frecuentes conversaciones telefónicas. Michelle, la hija de Sally, acababa de tener un niño y lo amamantaba.

—Caramba —dijo Sally—. Resulta curioso, pero Michelle *tiene* demasiada leche, excesiva para su bebé. ¡En realidad ha estado congelando algo! Lo que tu nieta necesita es la leche que le sobra a Michelle.

Audrey se mostró de acuerdo. Ésta era la respuesta que había estado buscando. ¿Pero cómo transportar la leche de Michelle a más de mil seiscientos kilómetros?

—No existe nada que sea una coincidencia —afirma Audrey—. A la semana siguiente, Simon y yo teníamos que asistir a una conferencia en la ciudad en donde vivía Michelle. Y como volábamos en nuestro pequeño avión, pudimos traernos en un frigorífico la leche congelada de Michelle. No habría sido posible en un avión de línea regular.

Tras el regreso de Audrey y Simon, su nieta dispuso de bastante leche para un par de meses.

—Sin eso —dice Audrey— puede que la niña hubiese muerto. Examino la cadena de acontecimientos a lo largo de esos cuarenta años desde que conocí a Sally hasta cuando la leche de su hija salvó la vida de mi nieta. Hubo una intervención divina. Estoy segura de eso. En primer lugar, a través de Sally conocí a mi marido. Luego mi hija presentó a la suya al hombre con quien se casaría. Entonces Sally dio a luz sólo diez días antes de que naciese mi nieta. El cuerpo de Michelle produce misteriosamente demasiada leche, y nosotros no tenemos ninguna. Pudimos transportarla hasta donde estaba mi nieta. Todo eso fue obra de Dios.

*

Como vemos por el relato de Audrey, los ángeles se agrupan a menudo para ayudar cuando son muchas las tareas que hay que realizar. Y atraerás a más ángeles a medida que crezca la magnitud de tu misión.

Epílogo

Si Dios no existiera,
habría que inventarlo.

VOLTAIRE

✳

—¡QUÉ MUNDO, QUÉ MUNDO! —suspiró en *El Mago de Oz* la malvada bruja del Oeste al derretirse.

Sí, desde luego, qué mundo.

¡Nuestros ángeles tratan de protegernos de los peligros del mundo que habitamos y de personas como esa malvada bruja! Como siempre, tenemos que desempeñar *nuestro* papel.

En cada relato de experiencias angélicas de este libro, los ángeles llegaron a través de pensamientos, de la intuición, de sentimientos íntimos, coincidencias, sincronismos y sorpresas extraordinarias.

Y en cada historia, los hombres, mujeres y niños desempeñaron también su papel. A veces eso requirió acción. En otras, reflexión. Siempre exigió fe.

Parafraseando a Shakespeare: "Tu propio yo es sincero." Atiende a esa voz interior, a esa guía íntima que te conducirá en este mundo por el camino preciso. ¡No hará tu vida perfecta, porque algunas de nuestras lecciones pueden ser penosas, pero estarás siempre en donde te corresponda, incluso cuando no te guste! Conocerás menos épocas difíciles o serás más capaz de superarlas cuanto *más* escuches a tu conocimiento íntimo.

Nuestro mundo se encuentra ahora en pleno proceso gradual de curación, que eleva nuestras conciencias cuando imploramos paz e iluminación espiritual, mientras que ciencia y mística empiezan a superponerse cuando ahondamos en las regiones ignotas de nuestros universos físico y mental.

Los dirigentes del mundo buscan la paz. ¿Quién habría imaginado que viviría para ver la caída del Muro de Berlín? ¿Y que después contemplaría el hundimiento del comunismo? ¡Impensable! ¿Quién habría creído que seríamos testigos de un acuerdo entre Israel y a la OLP? ¡Verdaderamente tan impensable! Pero sucedió.

En todo el globo nos abruman los desastres naturales. El SIDA azota a una generación y se lleva a algunos de los mejores y más brillantes. Rebeliones y guerras civiles mutilan la gran libertad ahora disfrutada por naciones antes oprimidas. ¿Cabe extrañarse de que nos mostremos ahora más receptivos a la asistencia angélica que en las últimas décadas? ¿Cuántas personas introducen lo divino en sus vidas como resultado de una crisis?

No debería hacer falta una crisis para obligarnos a reconocer lo divino, las fuerzas universales que operan en nuestras vidas.

Termino con unos cuantos pensamientos a los que debemos atenernos en nuestras vidas:

- Busca primero a Dios, y todo lo demás sobrevendrá.
- No te esfuerces demasiado; entrégate a la divinidad.
- Los ángeles son inspiración.
- Los ángeles son faros.
- Los ángeles son los grandes orquestadores.